AF389817

PLAN

DE

LÉGISLATION

CRIMINELLE.

PLAN
DE
LÉGISLATION
CRIMINELLE.

PLAN

DE
LÉGISLATION
CRIMINELLE.

P A R **MARAT**. L'Ami du Peuple

Nollite, quirites, hanc sævitiam diutius pati, qua
non modo tot cives atrocissime sustelit, sed hu-
manitatem ipsam ademit, consuetudine inco-
modorum. Cicero.

TROISIEME ÉDITION.

De l'Imprimerie de la Veuve MARAT,
rue Marat N°. 30

AVANT-PROPOS.

Lᴇs loix criminelles, nécessairement liées au système politique, ne doivent jamais choquer la nature du gouvernement : un même code ne sauroit donc convenir à toutes les nations. Mais en cherchant les convenances particulières, souvent on oublie la justice ; or, je dois prévenir mes lecteurs, que n'ayant écouté que sa voix, c'est pour des hommes libres que j'écris.

Les mœurs seuls pourroient maintenir le bon ordre de la société ; lorsqu'elles sont dépravées, il faut que la crainte des châtimens y supplée : ce qui multiplie nécessairement les loix.

Plus une société s'agrandit, et plus les rapports de ses membres s'étendent ; plus on peut en troubler l'ordre à différens égards :

ainsi, telles loix qui suffiroient à un peuple naissant ou peu nombreux, ne suffisent point à un nation nombreuse, ou dès long-temps civilisée.

Une matière aussi intéressante que celle dont il s'agit, devroit être traitée avec certaine étendue; il importe qu'il n'y ait rien d'obscur, d'équivoque, d'arbitraire dans l'idée qu'on se fait des délits et des peines; ce qui demande nécessairement des détails. Quelque peu détaillé néanmoins que soit un code criminel, il n'est guères possible de le renfermer dans les bornes d'un simple mémoire : on doit donc s'attendre à ne trouver dans celui-ci que l'exposé des principes qui en font la base, l'esprit des loix criminelles, si je puis m'exprimer de la sorte.

Lorsqu'on traite chaque cas séparément, il s'en trouve de si compliqués, qu'ils échappent au législateur le plus sagace; inconvénient qu'on évite toujours en distinguant les délits par leurs genres, leurs espèces, leurs objets, leurs nuances : aussi ai-je constamment suivi cette méthode ?

(5)

Défendre un crime inconnu, c'est presque
toujours en faire naître l'idée; et puisque le
code criminel doit être entre les mains de tout
le monde, si celui dont j'offre ici le plan est
destiné à des hommes assez heureux pour
n'être pas instruits de toutes les pratiques
du vice, c'est à la prudence du législateur
d'en cacher ce qu'ils doivent ignorer.

Quand on jette les yeux sur le droit criminel des différens peuples, on s'indigne d'y
voir la justice plongée dans un cahos téné-
breux. Que dis-je ! en voyant par-tout les
hommes soumis à d'injustes loix, et livrés
au glaive de la tyrannie, on admire en fré-
missant le pouvoir de la superstition. Les
temps sont changés, je le sais; l'esprit philosophique perce en tous lieux ; de nouvelles connoissances font sentir les anciens
abus ; déjà on cherche à les corriger : mais,
malgré le progrès des connoissances et le
desir d'une réforme des loix pénales, je
crains fort qu'on n'ait encore long-temps à
gémir sur le sort de l'humanité, tant que
les sages n'auront pas en main le pouvoir
de la venger. Qu'ils continuent toutefois

d'éclairer le monde ; à mesure que les lumières se répandent, elles font changer l'opinion publique , peu-à-peu les hommes
viennent à connoître leurs droits ; enfin ils
veulent en jouir : alors, alors seulement,
impatiens de leurs fers , il cherche à les
rompre.

PLAN
DE
LEGISLATION
CRIMINELLE.

J'AI à tracer l'affreux tableau des crimes : trifte tâche pour ma plume ! A la vue de tant de baffeffes, de lâchetés, de noirceurs, de trahifons, de barbaries, d'atrocités dont les hommes font capables, quelle ame honnête ne feroit faifie d'indignation, quelle ame fenfible ne frémiroit d'effroi !

Mais quel tableau plus affreux encore, — celui des forfaits commis au nom facré des loix ! Ne parlons point ici de la chambre ardente, de la chambre étoilée, de la cour véhémique, et de tant d'autres tribunaux de fang, qui firent autrefois gémir la nature. Heureufement ces horreurs n'exiftent plus : combien d'autres néanmoins reftent encore dans l'adminiftration de la juftice ! Crimes légers punis de cruels fuplices, crimes atroces demeurans impunis, traitemens barbares exercés contre de simples accufés, odieux moyens employés à convaincre des coupables : voilà les abus crians qu'on a chaque jour fous les yeux, et dont les fages déplorent la

B

trop longue durée. O ! vous , vertueux citoyens qui venez d'en propofer la réforme , recevez l'hommage de mon cœur !

Punir le crime fans bleffer la juftice , c'eft réprimer les méchans , protéger l'innocence , fouftraire la foibleffe à l'oppreffion , arracher le glaive à la tyrannie , maintenir l'ordre dans la fociété , et affurer le repos de fes membres : quel deffein à-la-fois plus fage , plus noble , plus généreux , plus important au bonheur des hommes ! Puiffent mes foibles lumières contribuer à fon exécution.

En travaillant à détruire de funeftes préjugés , j'aurai fouvent occafion de choquer les opinions vulgaires ; que d'ignorans vont s'élever contre moi ! Qu'importe , c'eft à des fages que j'ai à parler , et c'eft de leur approbation uniquement que je fuis jaloux.

PREMIÈRE PARTIE.

Des principes fondamentaux d'une bonne légiſlation.

DE L'ORDRE SOCIAL.

C'EST le ſoutien de l'état ; tout ce qui le trouble doit donc être puni.

Pour peu qu'on ait l'eſprit tourné à la réflexion, il n'eſt guères poſſible de rechercher ce qui trouble l'ordre ſocial, ſans examiner en quoi cet ordre conſiſte : ainſi, ramené à l'examen des liens de la ſociété, il faut abſolument admettre une convention entre ſes membres : droits égaux, avantages réciproques, ſecours mutuels ; voilà quels doivent être ſes fondemens ; liberté, juſtice, paix, concorde, bonheur, voilà quels doivent être ſes fruits. Cependant, lorſque j'ouvre les annales des peuples, tyrannie d'un côté, ſervitude de l'autre, ſont les ſeuls objets qui, ſous toute eſpèce de formes, ſe préſentent à mon eſprit. — Soit, dira quelqu'un ; mais après l'invaſion, la puiſſance eſt devenue légitime, et le droit a ſucccédé à la violence ; la révolution opérée, il a fallu la faire goûter, et on n'y eſt parvenu que par des bonnes loix. J'entends, après avoir tout exterminé, tout renverſé, tout envahi, les conquérans craignent d'abuſer de leurs conquêtes, et ſemblent avoir recours à la douceur, pour mieux faire ſouffrir leur empir : mais l'ufurpateur refte en poffeffion de la fouveraine puiffance , et il l'a partage avec fes fatellites. Jettez les yeux fur la plupart des peuples de la terre, qu'y voyez-vous ! que des vils efclaves, et des maîtres impérieux. Les loix n'y font-elles pas les décrets de ceux qui commandent ! Encore, s'ils refpectoient leur propre ouvrage ! Mais ils les font taire quand ils veulent ; ils les violent impunément ; puis, pour fe mettre à couvert de toute cenfure , ils tracent au-tour d'eux une enceinte facrée , dont on n'ofe approcher.

Dans les états moins arbitraires , si ceux qui commandent ne font pas au-deffus de la loi, toujours ils l'éludent fans peine ; et pour échapper au châtiment , ils n'ont fouvent qu'aggraver leurs crimes.

Même dans ce pays où les fujets au défefpoir ont brifé le joug fous lequel ils gémiffoient, combien encore des diftinctions odieufes , combien d'abus crians ! Le mérite y eft impunément déchiré par l'envie, l'homme integre livré à l'adroit frippon, le pauvre à la merci du riche, le fage en proie au méchant ; enfin les loix , les loix elles mêmes s'y plient pour le fort ; ce n'eft que pour le foible qu'elles font inflexibles : et telle eft le déplorable fort des malheureux, qu'au cruel fentiment des outrages qu'on leur fait, ils joignent encore le défefpoir de n'en voir jamais la fin.

Qu'on ne s'abufe pas , ce défordre eft forcé. Nous naiffons dans la fubjection ou dans l'indépendance , dans l'opulence ou dans la mifère , dans

l'obſcurité ou dans l'élévation ; & malgré la mo-
bilité des choſes humaines, il n'y a qu'un très-petit
nombre d'individus qui ſortent de l'état où ils ſe
trouvent placés à leur naiſſance ; encore en ſortent-
ils rarement que par l'intrigue, la baſſeſſe, la fourbe
ou d'heureux haſards.

DES LOIX.

Avant de ſonger à punir les crimes, il faut s'en
faire une juſte idée.

Qu'eſt-ce qu'un crime ! la violation des loix :
mais en eſt-il de ſacrées dans aucun gouvernement
de la terre ; & peut on regarder comme telles,
des réglémens auxquels chaque membre de l'état n'a
point eu de part ! Ce qu'on appelle de ce nom,
qu'eſt-ce autre choſe que les ordres d'un maître
ſuperbe ! Leur empire n'eſt donc qu'une ſourde tyrannie exercée par le petit nombre contre la multitude. Mais laiſſons tomber le voile ſur ces objets
myſtérieux ; c'eſt-là cette arche myſtique, dont un
œil profane ne doit point approcher.

Qu'importe, après tout, par qui les loix ſont
faites, pourvu qu'elles ſoient juſtes ; & qu'importe
qui en eſt le miniſtre, pourvu qu'il les faſſe obſerver.

Pour être juſtes, les loix de la ſociété ne doivent
jamais aller contre celles de la nature (1), les pre-
mières de toutes les loix.

______

(1) On connoit la malheureuſe contradiction qui règne
depuis tant de ſiècles entre le droit naturel et le droit criminel de tous les peuples.

Cela même ne suffit pas, si elles ne tendent au bien général ; c'est-à-dire, si elles ne sont communes à tous les membres de l'état : car, dès qu'une partie de la nation n'y est comptée pour rien (1), elles deviennent partiales ; & la société n'est plus, à cet égard, qu'un état d'oppression, où l'homme tyrannise l'homme. Périssent donc enfin ces loix arbitraires, faites pour le bonheur de quelques individus au préjudice du genre humain ; & périssent aussi ces distinctions odieuses, qui rendent certaines classes du peuple ennemies des autres, qui font que la multitude doit s'affliger du bonheur du petit nombre, & que le petit nombre doit redouter le bonheur de la multitude !

De l'obligation de se soumettre aux loix.

Puisqu'il n'est pas un seul gouvernement au monde que l'on puisse regarder comme légitime, l'obéissance aux loix n'est-elle pas plutôt une affaire de calcul que de devoir ! Mais ne brisons pas les foibles liens qui nous unissent les uns aux autres ; les maux de l'anarchie seroient pires encore que ceux du despotisme. Sans doute, tous les états ont été fondés par la violence, le meurtre, le brigandage, & l'autorité n'eut d'abord d'autres titres que la force. Pour la rendre moins odieuse, on a travaillé à la

---

(1) Par-tout le pauvre n'y est compté pour rien ; il semble même que les législateurs aient perdu pour lui tout sentiment d'humanité. Le moyen d'en être supris, ils ne sont point les compagnons du travail du malheureux, qui n'est que l'instrument de leur luxe et de leur orgueil.

rendre moins tyrannique : déjà on cherche à la rendre
moins partiale, & peut être viendra-t-il un jour où
elle ne sera plus employée qu’au bien général.
Voyons donc, dans l’état actuel des choses, ce qui
peut rendre obligatoire l’obéissance aux loix.

Faites abstractions de toute espèce de violence,
& vous trouverez que le seul fondement légitime
de la société est le bonheur de ceux qui la com-
posent. Les hommes ne se font réunis en corps que
pour leur intérêt commun ; ils n’ont fait des loix
que pour fixer leurs droits respectifs, & ils n’ont
établi un gouvernement que pour s’assurer la jouis-
sance de ces droits. S’ils renoncèrent à leur propre
vengeance, ce fut pour la remettre au bras public ;
s’ils renoncèrent à la liberté naturelle, ce fut pour
acquérir la liberté civile ; s’ils renoncèrent à la com-
munauté primitive des biens, ce fut pour en pos-
séder en propre quelque partie.

A la génération qui fit le pacte social, succède
la génération qui le confirme ; mais le nombre des
membres de l’état change sans cesse. D’ailleurs,
lorsqu’on n’a pris aucune mesure pour prévenir
l’augmentation des fortunes particulières : par le
libre cours laissé à l’ambition, à l’industrie, aux
talens, une partie des sujets s’enrichit toujours aux
dépens de l’autre ; & par l’impuissance de disposer
de ses biens en faveur des étrangers qu’au défaut
d’héritiers naturels, les richesses doivent bientôt
s’accumuler dans un petit nombre de familles. Il se
trouve donc enfin dans l’état une foule de sujets
indigens, qui laisseront leur postérité dans la
misère.

Sur une terre par-tout couverte des poſſeſſions d’autrui, & dont ils ne peuvent rien s’approprier, les voilà donc réduits à périr de faim. Or, ne tenant à la ſociété que par ses déſavantages, ſont-ils obligés d’en reſpecter les loix! Non, ſans doute; ſi la ſociété les abandonne, ils rentrent dans l’état de nature; & lorſqu’ils revendiquent par la force des droits qu’ils n’ont pu aliéner que pour s’aſſurer de plus grands avantages, toute autorité qui s’y oppoſe est tyrannique, & le juge qui le condamne à mort, n’est qu’un lâche aſſaſſin.

S’il faut que, pour ſe maintenir, la ſociété les force de reſpecter l’ordre établi; avant tout, elle doit les mettre à couvert des tentations du beſoin. Elle leur doit donc une ſubſiſtance aſſurée, un vêtement convenable, une protection entière, des ſecours dans leurs maladies, & des ſoins dans leur vieilleſſe: car ils ne peuvent renoncer à leurs droits naturels, qu’autant que la ſociété leur fait un ſort préférable à l’état de nature. Ce n’est donc qu’après avoir rempli de la ſorte ſes obligations envers tous ſes membres, qu’elle a le droit de punir ceux qui violent ſes loix.

Développons ces principes, en les appliquant à quelques cas particuliers relatifs à un délit fort commun; délit qui, plus que tout autre, ſemble attaquer la ſociété, mais dont la punition doit preſque toujours révolter la nature.

Il n’est aucun délit qu’on ait repréſenté ſous plus d’aſpects différens que le vol; aucun dont on ſe ſoit fait de plus fauſſes idées.

[15]

Tout vol suppose le droit de propriété : mais d'où dérive ce droit !

L'usurpateur le fonde sur celui du plus fort, comme si la violence pouvoit jamais établir un titre sacré.

Le possesseur le fonde sur celui du premier occupant : comme si une chose nous fut justement acquise pour avoir mis les premiers la main dessus.

L'héritier le fonde sur celui de tester, comme si l'on pouvoit disposer en faveur d'un autre de ce qui n'est pas même à soi.

Le cultivateur le fonde sur son travail : sans doute le fruit de votre travail vous appartient ; mais la culture exige le sol, & à quel titre vous appropriez-vous un coin de cette terre, qui fut donnée en commun à tous ses habitans (1) ! Ne sentez-vous pas que ce n'est que d'après une égale répartition du tout, qu'on pouvoit vous assigner votre quote-part ! Encore, après ce partage, n'auriez-vous droit sur le fond que vous cultivez, qu'autant qu'il est absolument nécessaire à votre existence !

Direz-vous que le nombre des habitans de la terre changeant sans cesse, ce partage devient im-

----

(1) Quelque soit l'objet de la possession , les conséquences sont les mêmes ; car les hommes, tous assujettis par la nature aux mêmes besoins, et **tous** paîtris du même limon, apportent tous au monde les mêmes droits : des biens de la terre, chacun ne peut donc avoir en propre que sa quote-part.

poſſible! Mais en eſt-il moins juſte, pour être impraticable! Le droit de poſſéder découle de celui
de vivre: ainſi, tout ce qui eſt indiſpenſable à notre
exiſtence eſt à nous, & rien de ſuperflu ne ſauroit
nous appartenir légitimement, tandis que d'autres
manquent du néceſſaire. Voilà le fondement légitime de toute propriété; & dans l'état de ſociété
& dans l'état de nature.

Ce n'eſt pas là, je le ſais, la déciſion du barreau;
mais c'eſt celle de la raiſon. Laiſſez ergoter les ju-
riſtes, & dites-nous ce que vous auriez de raiſonnable
à repondre à un malheureux qui tiendroit à ſes
juges ce diſcours.

» Suis-je coupable! Je l'ignore; mais ce que je
n'ignore pas, c'eſt que je n'ai rien fait que je n'aie
dû faire. Le ſoin de ſa propre conſervation eſt
le premier des devoirs de l'homme; vous-mêmes
n'en connoiſſez point au-deſſus: qui vole pour
vivre, tant qu'il ne peut faire autrement, ne fait
uſerde ſes drotis ».

» Vous m'imputez d'avoir troublé l'odre de la
ſociété. Hé! que m'importe cet ordre prétendu,
qui toujours me fut ſi funeſte! Que vous prêchiez
la ſoumiſſion aux loix, vous à qui elle aſſure la
domination ſur tant de malheureux: le moyen
d'en être ſurpris! Obſervez-les donc ces loix,
puiſque vous leur devez votre bien-être: mais
que dois-je à la ſociété, moi qui ne la connois
que par ſes horreurs. Et ne me dites pas que tous
ſes membres, jouiſſant des mêmes prérogatives,
peuvent en tirer les mêmes avantages: le con-

traire n'eſt que trop évident. Comparez votre ſort au notre ; tandis que vous coulez tranquillement vos jours au ſein des délices, du faſte, des grandeurs ; nous ſommes expoſés pour vous aux injures du temps, aux fatigues, à la faim ; pour multiplier vos jouiſſances, ce n'eſt pas aſſez arroſer la terre de notre ſueur, nous l'arroſons encore de nos larmes : qu'avez-vous donc fait pour mériter d'être auſſi heureux à nos dépens » !

» Infortunés que nous ſommes, ſi du moins il y avoit un terme à nos maux ! mais le ſort du pauvre eſt irrévocablement fixé ; & ſans quelque coup du haſard, la miſère eſt le lot éternel du miſérable. Qui ne connoît les avantages que la fortune aſſure à ſes favoris ? Ils ont beau n'avoir ni talens, ni mérite, ni vertus, tout s'applanit devant eux au gré de leurs ſouhaits. C'eſt au riche que ſont réſervées les grandes entrepriſes, l'équipement des flottes, l'approviſionnemennt des armées, la geſtion des revenus publics, le privilège excluſif de piller l'état : c'eſt au riche que ſont réſervées les entrepriſes lucratives, l'établiſſement des manufactures, l'armement des vaiſſeaux, les ſpéculations de commerce. Il faut de l'or pour amaſſer de l'or : quand il manque, rien n'y ſupplée. Même dans les claſſes les moins élevées, c'eſt pour l'homme aiſé que ſont les profeſſions honnêtes, les arts de luxe, les arts libéraux ; mais c'eſt pour le pauvre que ſont les métiers vils, les métiers périlleux, les métiers dégoûtans : telle eſt l'averſion vouée à la pauvreté ; qu'on la repouſſe de toutes parts, & que par-tout on encourage ceux qui n'ont pas beſoin d'encouragement. Enfin, quand le pauvre borneroit son ambition à gagner de quoi vivre, encore faut-il du superflu pour apprendre quelque profession. »

« Il falloit travailler direz - vous : cela est bientôt dit, mais le pouvois-je! Réduit à l'indigence par l'injustice d'un voisin puissant, envain ai-je cherché un asyle sous le chaume : arraché de la charrue par la cruelle maladie qui me consume, & à charge au maître que je servois, il ne me resta pour subsister que la ressource de mendier mon pain : cette triste ressource même est venue à me manquer. Couvert de haillons & couché sur la paille, chaque jour j'étalois l'affligeant spectacle de mes plaies ; quel cœur s'est ouvert à la pitié ! j'avois beau implorer assistance, quelle main charitable est venue à mon secours ! Désespéré par vos refus, manquant de tout, & pressé par la faim, j'ai profité de l'obscurité de la nuit pour arracher d'un passant un foible secours que sa dureté me refusoit ; & parce que j'ai usé des droits de la nature, vous m'envoyez au supplice. Juges iniques ! souvenez - vous que l'humanité est la première des vertus, & la justice la première des loix. Au récit de vos cruautés, les cannibales eux-mêmes frémiroient d'horreur : barbares ! baignez-vous dans mon sang, puisqu'il le faut pour assurer vos injustes possessions ; au milieu des tourmens que je vais endurer, mon unique consolation sera de reprocher au ciel de m'avoir fait naître parmi vous. »

Hommes juftes, je vois couler vos larmes, & je vous entends crier d'une commune voix : QU'IL SOIT ABSOUS. Oui, fans doute, il doit l'être ; & combien le méritent encore plus ! Je le dis hautement : prefque par-tout le gouvernement lui-même force les pauvres au crime, en leur ôtant les moyens de fubfifter. Il eft tel pays où dès que la récolte manque, le laboureur fe voit ruiné pour toujours ; s'il n'a de quoi payer les impôts dont il eft accablé, on lui enlève impitoyablement jufqu'à la paille de fon lit. Ainfi, réduit à la mendicité par les exactions des traitans, révolté de la dureté des riches, éconduit de toutes parts ; & défefpéré par les cris de fes enfans qui lui demandent du pain, il n'a d'autre reffource que d'aller attendre les paffans au coin d'un bois.

Non content d'avoir déppuillé le pauvre, on l'oblige encore de verfer fon fang pour défendre les poffeffions du riche, fous prétexte de défendre l'état ; & fouvent, par ces enrôlemens forcés, on enlève à une femme fon époux, à des enfans leur père : en arrachant ainfi à une malheureufe famille celui qui en étoit le foutien, que d'infortunés en proie aux horreurs de l'indigence ! Viennent-ils à dérober de quoi appaifer leur faim ou couvrir leur nudité, c'eft par une nouvelle atrocité que le gouvernement répare la première ; on les livre à un tribunal de fang : on les condamne à mort fans pitié : puis, ajoutant l'infulte à l'outrage, on les force de s'avouer criminels, & d'encenfer l'inhumanité de leurs tyrans. Inhumains que nous fommes ! à l'ouie des actes de

cruauté exercés par les sauvages contre leurs ennemis, nous frémissons d'horreur, nous crions à
la barbarie; & de sang-froid, nous exerçons contre
nos malheureux frères des atrocités plus révoltantes
encore (1). Ah! ne parlons plus d'humanité, ou
abrogeons nos loix sanguinaires.

C'est peu de ne pas punir les malheureux du
mal que nous les forçons de commettre; réparons
nos injustices, ou cessons de rien exiger de ceux
que nous opprimons de la sorte. Eh! que pour-
roient-ils devoir à leurs oppresseurs! Loin d'être
obligés d'en respecter les ordres, ils doivent à
main armée revendiquer contr'eux les droits sacrés
de la nature.

Mais quoi! faudra-t-il autoriser le vol, & ouvrir
la porte à l'anarchie! Nulle industrie, ou la propriété est incertaine. Qui voudroit cultiver la terre
si un autre devoit moissonner : les champs reste-
roient donc en friche? les arts ne seroient pas
cultivés non plus, si l'ouvrier n'étoit sûr du fruit
de son travail; & le commerce seroit anéanti, si
l'on pouvoit disputer au marchand la matière première qu'il a fait employer. Quel homme même
s'aviseroit d'épargner aujourd'hui ce qu'il courreroit
risque de perdre demain? Et quel homme se ré-
soudroit à prendre une femme, s'il craignoit de ne

____

(1) En Suisse, pays si vanté pour la douceur du gouvernement, un pauvre famélique n'est-il pas condamné au
pilori, et traité comme un scélérat, pour avoir cueilli
un fruit dans une vigne ou un verger.

pouvoir nourrir ses enfans : ainſi la terre ſeroit
bientôt un vaſte déſert , & la ſociété ne ſubſiſteroit
plus. — Mais la ſociété elle-même ne mérite de ſub-
ſiſter qu'autant qu'elle fait le bonheur du genre
humain ; & peut on douter que la multitude n'y
ſoit toujours ſacrifiée au petit nombre. Quel ſort
que celui du bas peuple ! Il voit dans l'état une
claſſe d'hommes heureux , dont il ne fait point
partie ; il trouve la ſûreté établie pour eux , & non
pour lui ; il ſent que leur ame peut s'élever , &
que la ſienne eſt contrainte de s'abaiſſer ſans ceſſe !
Que dis-je ! travaux , périls , privations , jeûne ,
mépris , inſultes , outrages de toute eſpèce : voilà
le ſort affreux qui l'attend. — Mais dit-on , puiſque
les avantages de la ſociété ſont réſervés aux riches ,
que le pauvre travaille à acquérir l'opulence qui
les procure. Y ſongez-vous ! Né de parens qui
n'ont pû lui donner que le vil métier qu'ils avoient
eux-mêmes , quelle profeſſion prétendez-vous qu'il
exerce ? — Il en eſt mille qui n'exigent que des bras.
Quand cela ſeroit , encore faut-il qu'il trouve à les
employer : il a beau frapper à toutes les portes ,
trop ſouvent il n'éprouve que refus. Ainſi , privé
par nos injuſtices des douceurs de la vie , il n'a pas
même l'eſpoir de pouvoir ſe nourrir. — Faudra-t-il
donc faire plus d'aumônes ! — Mieux que cela :
ôſons élever ici notre voix en faveur de l'humanité , & propoſer un établiſſement utile. Dans un
gouvernement bien ordonné il ne faut point ſouffrir
de mendians , ſous quelque prétexte que ce ſoit ;
car ils ſont toujours à charge à l'état. Les aumônes
qu'on leur fait ne ſervent qu'à les entretenir dans
le vice : d'ailleurs , n'eſt-il pas ſcandaleux de per-

mettre que des fénéans emploient ce qu'il y a de plus sacré au monde , pour extorquer d'un passant de quoi soutenir leur malheureux train de vie.

On a senti le mal : mais qu'a-t-on fait pour y remédier ? On traite les mendians en vagabonds , & on les enferme. Mauvaise politique : je n'examinerai pas si le gouvernement a le droit de les priver ainsi de leur liberté ; mais j'observerai que ces maisons de force où on les tient , ne peuvent se soutenir qu'aux dépens du public , & que l'esprit de paresse qu'elles nourrissent , doit toujours augmenter la pauvreté générale , au lieu de rémédier à la pauvreté particulière. Hé bien ! quel remède ! Le voici ; ne nourrissez pas les pauvres dans l'oisiveté , occupez-les , mettez-les à même de se procurer , par leur travail , ce qui leur manque ; qu'on leur fasse apprendre quelques métiers , & qu'ils vivent en hommes libres : ce qui nécessite l'établissement de plusieurs atteliers publics où ils soient reçus.

Dans les pays qui conservent les biens de l'église, n'en laisser qu'une partie convenable aux ordres religieux & aux bénéficiers ; feroit ôter à une multitude d'ecclésiastiques les moyens de mener une vie peu édifiante , de décharger d'un grand fardeau ceux qui vivent chrétiennement : répartir l'autre portion par petits lots aux citoyens indigens , feroit rendre aux pauvres leur patrimoine , & en former des sujets utiles.

Quelque bien administrés que fussent les revenus de l'église , & quelque considérable que fût le

nombre

nombre des pauvres secourus ; il vaudroit encore mieux n'avoir point de pauvres à secourir.

A l'égard des bénéfices sans fonctions, il faudroit réduire les titulaires à une pension médiocre, les forcer au travail, les charger de l'instruction publique dans les villes & villages, & rendre utile à l'état une foule de fainéans qui vivent dans l'oisiveté & le scandale.

Il ne suffit pas d'occuper le pauvre, il faut l'instruire : comment remplira-t-il ses devoirs, s'il les ignore ! Quel frein opposera-t il à de funestes penchans, s'ils ne prévoit les malheurs qu'ils traînent à leur suite ! Examinez ceux dont la vie est la plus criminelle ; ce sont presque toujours des hommes qui n'ont reçu aucune éducation. Combien s'abandonnent aux vices, qui se fussent distingués par leur vertus, s'ils eussent été nourris des leçons de la sagesse : qu'il y ait donc des écoles gratuites où l'on instruise le pauvre. — Mais les fonds nécessaires à ces établissemens (1) ! Qu'ils soient levés sur des gens aisés, particulièrement sur des gens riches ; qu'on en donne la direction à quelque homme de bien, & qu'un magistrat intègre en ait l'inspection.

A l'aide de cet établissement, que de malheureux

____

(1) Chez une nation commerçante, il est rare qu'il n'y ait pas quelque branche de commerce qui souffre, quelque manufacture dont les ouvriers se trouvent sans occupation ; c'est de ce fond pareillement qu'on tirera les secours dont ils ont besoin.

C

délivrés des tentations du befoin ; que de coupables
de moins à punir ; que de membres utiles rendus
à la patrie! Avec ces nouveaux fujets, les terres
feront mieux cultivés, les manufactures s'éten-
dront, l'abondance régnera, le commerce acqué-
rera de nouvelles branches, les forces de la nation
s'accroîtront, & l'état profpérera. — Mais, à la
nouvelle de cet établiffement, le pays ne fera-t-il
pas inondé par les pauvres des pays vofiins! Admettons qu'ils accourent en foule ; fachant à quelle
condition vous les recevez, aucun ne fe préfentera
s'il n'aime le travail : & où feroit le mal d'acquérir
une multitude de fujets utiles (1)! Après tout, fi
on craignoit d'en être furchargé, qui empêche de
les arrêter aux frontières!

Je fais que les établiffemens que je propofe
trouveront bien des obftacles, & je n'ofe efpérer
de voir de fi-tôt finir les abus auxquels ils pourroient
remédier ; car tant que les princes ne voudront
commander qu'à des efclaves, il leur faudra pour
fujets & des riches corrompus par les délices, &
des pauvres avilis par la mifère. Mais je ne l'ai pas
oublié, c'eft pour des hommes libres que j'écris.

Des loix pénales.

Le croiroit-on fi une trifte expérience ne le
prouvoit que trop! Dans un fiècle où les fciences

---

(1) Il seroit bien étrange, que dans un pays où il y a
tant de terres incultes, on se plaignît d'acquérir des hommes
propres à les cultiver.

font approfondies, la plus importante au bonheur des hommes eft encore au berceau. Dans un fiècle où l'efprit philofophique paroît avoir tout réduit en préceptes, la juftice feule eft encore abandonée aux caprices de l'opinion. C'eft dans les inftitutions de quelques peuples barbares, dans des ordonnances arbitraires, dans des coutumes ridicules, dans des traditions furannées, que fes miniftres puifent la règle du jufte & de l'injufte. S'il eft un fpectacle à-la-fois ridicule & révoltant, c'eft de voir de graves magiftrats feuilleter d'énormes volumes, & flotter d'autorité en autorité, pour favoir que penfer d'un forfait; puis décider de la liberté, de l'honneur, de la vie des hommes, fur la foi de quelque légifte obfcur, ou de quelque ignare commentateur, & partir d'un jugemeut inique pour en prononcer de plus iniques encore.

Qu'il y ait donc dans l'état des loix criminelles, juftes & fages. Il importe qu'il n'y ait rien d'obfcur, d'incertain, d'arbitraire, dans l'idée qu'on fe fait des délits & des peines; parce qu'il importe que chacun entende parfaitement les loix, & fache à quoi il s'expofe en les violant : le code criminel ne fauroit donc être trop précis.

Il ne fauroit non plus être trop fimple : les loix ne doivent ftatuer que fur ce qui intéreffe manifeftement la fociété; qu'elles ne gênent donc point inutilement la liberté de l'homme. Les furcharger d'ordonnances indifférentes au bien public, feroit détruire leur empire; à force de fe voir enjoindre des chofes peu utiles ou défendre des chofes licites, on s'accoutume à regarder les loix comme vaines ou arbitraires, & on finit par méprifer leur autorité.

Si elles ne doivent ftatuer que fur ce qui intéreffe manifeftement le bien public ; dès qu'une loi ne doit plus être en vigueur, qu'on l'abroge expreffément, au lieu d'en faire de nouvelles qui la modifient, ou de la laiffer tomber en défuétude : ce qui entraîneroit toujours cet inconvénient, que les loix n'auroient bientôt plus d'applications précifes. D'ailleurs, il ne faut point laiffer d'épouvantail, dont la méchanceté puiffe abufer.

Une fois rédigées, les loix criminelles doivent être promulguées avec l'appareil le plus propre à les faire refpecter.

De la fanction des loix.

Il ne fuffit pas que les loix foient juftes, claires, précifes ; il faut encore choifir les meilleurs moyens de les faire obferver.

Dans les gouvernemens les plus fages de l'antiquité, perfectionner la nature humaine étoit toujours le but du légiflateur ; auffi s'attachoit-il fur-tout à donner des mœurs aux citoyens, & à leur infpirer dès l'enfance, l'amour de la vertu.

Dans les gouvernemens modernes, il femble que le légiflateur n'ait voulu que réprimer ces crimes qui détruifent la fociété. Autrefois, fi d'une main la juſtice tenoit un glaive; de l'autre , elle tenoit des couronnes. Aujourd'hui armée d'un glaive ſeulement , la juſtice ne fait que menacer (1) ; elle arrête la main & abandonne le cœur.

Mais laiſſons-là ces inſtitutions ſublimes qui ne ſont plus faites pour nos petites ames ; & puiſque nous ne pouvons pas eſpérer de rendre l'homme vertueux , empêchons-le du moins d'être méchant.

Dans toute ſociété bien réglée , il s'agit beaucoup plus de prévenir les crimes que de les punir , & ſouvent on y réuſſit avec moins de peine. Ce ſeroit ſans doute , mal entrer dans les vues d'une bonne légiaſltion , que de ſéparer ces deux objets.

Des peines.

Il eſt de l'intérêt de la ſociété qu'elles ſoient toujours proportionnées aux délits ; parce qu'il eſt de ſon intérêt qu'on évite plutôt les crimes qui la détruiſent , que les crimes qui la troublent.

Punir avec rigueur une légère infraction des loix , c'eſt uſer en pure perte le reſſort de l'autorité ; car ſi elle inflige des peines rigoureuſes aux petits

------

(1) Il est bien ſingulier qu'on attende , d'une paſſion baſſe , tous les bons effets que l'amour du devoir , l'éducation et la religion produiſent à peine. Un prince veut que les ſujets ſoient juſtes par la crainte des châtimens ; tandis que la crainte des vengeances divines ne ſauroit contenir dans le devoir ce maître ſuperbe.

délinquans , que lui restera-t-il pour réprimer des grands scélérats ! Voyez ces pays [1] où les châtimens font toujours affreux. Pour retenir les hommes fans cesse , on y invente de nouveaux supplices : or , ces efforts continuels de la barbarie , qui cherche à se surpasser elle-même ; ne sont-ils pas une preuve de leur impuissance !

Punir avec rigueur une légère infraction des loix , ce n'est pas simplement user en pure perte le ressort de l'autorité ; c'est multiplier les crimes [2] ; c'est pousser les malfaiteurs aux derniers excès. Hé ! quelle considération pourroit encore les retenir ! quoiqu'ils faffent , ils n'ont rien à craindre de plus.

Presque toujours l'atrocité des supplices s'oppose à l'exécution des loix : car lorsque la peine est sans mesure , on a en exécration ceux qui dénoncent à la justice un malheureux qui n'est coupable que d'un petit délit. D'ailleurs , il est peu d'ames assez cadavéreuses pour se résoudre à livrer ce malheureux à une mort certaine. Qu'arrive-t-il de là ! le coupable échappe presque toujours.

La peine n'étant pas plus rigoureuse pour de noirs forfaits , que pour de légères offenses , bientôt il s'y abandonne ; & en aggravant le crime souvent il s'assure l'impunité. « En Moscovie où la peine des voleurs & des assassins étoit la même , en volant on

---

(1) Le Japon, par exemple.

(2) Cela se voit tous les jours en France, où le plus petit vol domestique est puni de mort.

affaſſinoit toujours : les morts , diſoit on , ne ra-
content rien. » La même choſe arrive en France ,
où l'on ne fait pas ſubir une moindre peine à celui
qui vole ſur le grand chemin , qu'à celui qui vole
& aſſaſſine.

Enfin , la peine paroiſſant trop dure aux yeux
des juges mêmes ; quand ils ne peuvent l'adoucir ,
pardonner devient néceſſaire , & les loix tombent
dans le mépris.

S'il eſt de l'équité que les peines ſoient toujours
proportionnées aux délits , il eſt de l'humanité
qu'elles ne ſoient jamais atroces : auſſi les punitions
les plus douces ſont - elles à préférer lorſqu'elles
atteignent le but.

En puniſſant le coupable , la juſtice doit moins
chercher à venger la loi violée , qu'à retenir ceux
qui pourroient être tentés de la violer. Quoi !
ferons-nous donc toujours barbares ! Qu'y avons-
nous gagné ! Les crimes dont les châtimens font
frémir , en ſont-ils devenus moins communs !

C'eſt une erreur de croire qu'on arrête toujours
le méchant par la rigueur des ſupplices : leur image
eſt ſi-tôt effacée. Mais les beſoins ſans ceſſe renaiſſans
d'un malheureux le pourſuivent par-tout. Trouve-
t-il l'ocaſion favorable ! il n'écoute que leur voix importune , il ſuccombe à la tentation. La vue même
des ſupplices n'eſt pas toujours un frein ſuffiſant ;
combien de fois n'a pas été commis au pied de l'écha-

faud (1), le crime pour lequel un malfaiteur al-
loit périr

L'impreſſion que produiſent les ſupplices
cruels, toujours momentanée, devient nulle à la
longue : d'abord leur appareil jette la terreur dans
les eſprits, mais on s'y familiariſe inſenſiblement ;
quelqu'affreux qu'ils paroiſſent, bientôt l'imagination s'y fait, & ceſſe enfin d'en être frappée ; l'habitude émouſſe tout, juſqu'à l'horreur des tourmens.

Après ce qui vient d'être dit, ſi l'on tenoit encore à ce prétendu frein, j'ajouterois que l'e-
xemple des peines modérées n'eſt pas moins ré-
primant que celui des princes outrées, lorſqu'on
n'en connoît pas de plus grandes.

Voyez les loix pénales des différens peuples,
comme elles prodiguent la peiné de mort !

En rendant les crimes capitaux, on a prétendu
augmenter la crainte du châtiment, & on l'a réel-
lement diminuée. Punir de mort, c'eſt donner un
exemple paſſager, & il faudroit en donner de
permanens.

On a auſſi manqué le but d'une autre manière.
L'admiration qu'inſpire le mépris de la mort que
montre un héros expirant : un malfaiteur ſouf-
frant avec courage, l'inſpire aux ſcelerats déter-
minés. Mais admettez qu'il ſe répente : le voyant

---

(1) Il y a 22 ans qu'une bande d'assassins s'étoit réfugiée
dans l'enceinte même des ſourches patibulaires de Toulouse.

mourir avec cette contrition qui affure la félicité éternelle par le pardon des péchés, ils péchent anfin que la grace abonde. Ainfi, en s'abandonnant au crime pour fatisfaire leurs funeftes penchans, ils fe flattent d'échapper à la juftice ; ou s'ils ne peuvent fe promettre l'impunité, le châtiment fera de courte durée, & la récompenfe fera fans fin. Pourquoi donc continuer, contre les cris de la raifon & les leçons de l'expérience, à verfer fans befoin le fang d'une foule criminels !

Les peines doivent être rarement capitales (1). En les infligeant, ce n'eft pas affez de fatisfaire à la juftice, il faut encore corriger les coupables.

S'ils font incorrigibles, il faut faire tourner leur châtiment au profit de la fociété. Qu'on les emploie donc aux travaux publics, aux travaux dégoûtans, aux travaux mal fains, aux travaux dangereux.

Le genre des peines doit être tiré de la nature des délits.

Pour les ames élevées la honte eft le plus grand des fléaux. Si elle l'étoit également pour tous les

---

(1) Une confidération qui devroit bien engager les législateurs à rénoncer à tant de peines capitales, ce qu'il n'eft pas encore démontré, si dans l'état actuel des choses, le souverain a droit de mort sur les sujets, vu l'origine injufte de tous les gouvernemens de la terre, ... mais ne déchirons pas le voile, contentons-nous d'en soulever un coin.

hommes, je dirois avec un illustre auteur, « que « la plus grande partie du châtiment soit toujours « l'infâmie de le suffrir » : mais la honte tient à l'amour-propre, & l'amour-propre tient à l'imagination ; ce genre de peine ne pourroit donc convenir qu'à certains peuples ; encore, chez ces peuples, ne conviendroit-il qu'à certains individus.

Parmi les différens moyens offerts au législateur pour conduir les hommes, l'habilité consiste à bien choisir.

Dans l'infliction des peines, on doit autant chercher à réparer l'offense qu'à l'expier. Tirer du délit le châtiment, est donc le meilleur moyen de proportionner la punition au crime.

Si c'est-là le triomphe de la justice, c'est-là aussi le triomphe de la liberté ; parce qu'alors, les peines ne venant plus de la volonté du législateur, mais de la nature des choses, on ne voit point l'homme faire violence à l'homme.

La justice doit être impartiale

Comme le crime avilit tous les hommes également, il faut que pour même délit, même punition soit infligée à tout délinquant.

Loin de nous ces distinctions odieuses de certains pays, où les peines flétrissantes sont réservées à la populace, où le même crime conduit, tel

homme fur la roüe , & tel homme dans une (1) retraite commode , où il fuffit prefque toujours d'être
un illuftre fcélérat pour échapper au (2) châtiment.

J'ai dit que pour même délit, même punition
doit être infligée à tout délinquant. Cette loi
toute-fois ne feroit jufte que dans un état fondé
fur l'égalité , & dont les membres jouiroient à peu-
près des mêmes avantages. La nature ayant établi
de fi grandes différences entre les hommes , &
la fortune en ayant établi de plus grandes encore ;
qui ne voit que, la juftice doit toujours avoir
égard aux circonftances où le coupable eft placé,
circonftances qui ne peuvent qu'aggraver ou exténuer fon crime.

De deux filles qui fe font livrées au libertinage ,
combien celle qui fans expériénce encore fe trouvoit maltraitée par de parens bruteaux , eft-elle
plus excufable que celle qui , chérie par d'aimables
parens, connoiffoit déjà le monde !

De deux hommes qui ont commis le même vol ,
combien celui qui avoit à peine le néceffaire eft-il
moins coupable, que celui qui regorgeoit de
fuperflu !

De deux parjures , combien celui auquel on tra-
vailla dès l'enfance à infpirer des fentimens d'hon-

---

(1) Les châteaux de force.
(2) Cela se voyoit en France chaque jour.

neur, eſt-il plus criminel que celui qui, abandonné à la nature, ne reçut jamais d'éducation !

Si la loi devoit quelquefois ſe relâcher, ce ſeroit donc en faveur des ſeuls malheureux ; car chez eux la vertu peut rarement germer, & elle n'a rien pour ſe ſoutenir.

Ainſi, ce n'eſt qu'en faiſant attention au ſexe, à l'âge, au naturel, à l'état, à la fortune des délinquans, & aux circonſtances du délit, qu'on peut juger ſainement de la peine mérité... Faudra t-il donc remettre aux juges un pouvoir arbitraire !

J'ai fait voir par quels moyens on peut ſe diſpenſer de recourir à cet expédient dangereux. Les établiſſemens publics que j'ai propoſés (1) aſſurant le néceſſaire & l'inſtruction à ceux qui en manquoit, tous les hommes trouveront à l'abri du beſoin, ne pourrout prétexter cauſe d'ignorance, & n'auront plus d'excuſe valide d'avoir violés les loix.

----

(1) Si ces établiſſemens n'avoient pas lieu, il faudroit bien laiſſer aux juges le pouvoir de proportionner le châtiment à l'offenſe : mais, afin qu'ils ne viennent jamais à abuſer de ce pouvoir, que maîtres d'adoucir la peine décernée par la loi, ils ne puiſſent jamais l'aggraver. Au demeurant, je prie le lecteur de ſe ſouvenir que lorsque j'indique quelque punition, je ſuppoſe toujours le délinquant auſſi coupable qu'il peut l'être.

Ceux qui ne jouiſſent pas de leurs facultés intel-
lectuelles, n'étant pas comptables à la juſtice, &
l'âge où les autres ſont comptables étant fixé à celui
de la raiſon ; nul homme ne pourra prétexter alié-
nation ou incapacité d'eſprit, & n'aura une excuſe
valide d'avoir violés les loix.

Après cela, les nuances que la fortune peut
mettre entre deux hommes coupables d'un même
crime, ſont trop difficiles à conſtater, trop incertaines ou trop légères, pour qui le légiſlateur doive
s'y arrêter dans la diſpenſation des peines. Quant à
celles qu'y met la nature, elles ne viennent guère
que de la différente méſure de ſenſibilité, & elles ſe
compenſent en quelque ſorte : car ſi une grande
ſenſibilité ajoute de la force aux paſſions qui nous
portent à violer les loix, la crainte qui leur ſert
de frein eſt auſſi plus énergique.

Les peines doivent être perſonnelles.

Il eſt atroce de faire retomber ſur des innocens
l'infâmie qui n'eſt due qu'aux malfaiteurs (1) :
toute peine flétriſſante doit donc être perſonnelle.

Le moyen qu'elle le ſoit toujours, c'eſt que le

---

(1) Combien d'innocentes victimes immolées au préjugé
barbare, qui étend ſur toute la famille d'un criminel la flé-
triſſure de ſon ſupplice ! Que d'enfans condamnés à l'infâmie en recevant le jour ! Que de parens accablés de honte
n'oſent plus ſe montrer !

crime ne trouve jamais l'impunité ; c'eſt que le glaive de la juſtice frappe indiſtinctement tous les coupables ; c'eſt que quiconque oſeroit reprocher à une famille le ſupplice d'un de ſes membres , ſoit lui-même noté d'infamie ; que le malheur de tenir par les liens du ſang à un malfaiteur , ne ſoit pas pour d'honnêtes parens un titre d'excluſion aux emplois honorables ; qu'il ſoit même quelquefois, aux yeux du gouvernement , un titre de préférence pour récompenſer le mérite.

Il eſt bien que toute peine ſoit perſonnelle ; il eſt certains cas pourtant où il est impoſſible qu'elle ne retombe en partie ſur la famille du coupable : tels sont ceux des amendes pécuniaires et des confiſcations. Ce genre de peine doit-il donc être proscrit ? Non, certainement ; lorſqu'il découle de la nature du délit (1) , il ſuffit alors d'en empêcher l'abus.

Dans le temps de l'anarchie féodale , les princes ſpéculoient ſur la fortune de leurs ſujets condamnés en jugement : uſage à la fois odieux & funeſte. Se faire du crime un revenu , c'eſt mettre la juſtice à prix , c'eſt tendre des pièges aux citoyens les plus vertueux , & ouvrir un abîme ſous leurs pieds , c'eſt chercher par-tout des victimes , &

---

(1) Sans doute tout homme doit mettre ses enfans en état de pourvoir à leur ſubſistance : mais il est moins obligé de leur laisser un héritage, que d'indemniser ceux qu'il a léſés, que de ſatisfaire aux loix.

vendre l'impunité aux coupables qui peuvent la payer. D'ailleurs, quelle horreur que le tréfor public fe groffiffe des dépouilles d'une malheureufe famille! Il ne faut donc point que les confifcations foient au profit du fifc, parce qu'il ne faut laiffer à l'autorité aucun appas de faire le mal, aucun prétexte d'opprimer le foible. — A quel ufage feront-elles donc appliquées! à l'entretien des maifons d'afyle dont j'ai propofé l'établiffement. Qu'au moins le châtiment du crime ferve à foutenir l'innocence.

Au refte, la confifcation ne doit jamais être de toute la fortune du délinquant, lors même qu'il ne tiendroit à perfonne; tant qu'on ne le prive pas de fa liberté, il ne faut point le jetter dans les bras de la mifère & du défefpoir.

Les loix doivent être inflexibles.

On craint un mal inévitable, & on méprife un danger incertain. C'eft l'impunité des crimes, non la douceur des peines, qui rend les loix impuiffantes : fi l'on ne peut mettre trop de modération en les faifant, on ne peut mettre trop de rigidité à les faire exécuter; qu'elles foient donc inflexibles. — Mais il eft des cas malheureux qui demandent que le délinquant puiffe obtenir des lettres de grace. Trifte expédient! Ce pouvoir de pardonner n'a été ménagé au prince que pour fuppléer à l'imperfection de la loi : c'eft donc au légiflateur à prévoir ces cas malheureux, & à ftatuer fur ces délits graciables.

D'ailleurs, on ne peut guères espérer que le prince use de ce pouvoir avec assez de sagesse pour ne pas relâcher les ressorts du gouvernement : ses créatures prétendront toutes avoir droit à sa clémence ; & les graces qui ne devroient être accordées qu'à l'infortune, le seroit bientôt à la faveur, à l'intrigue, aux considérations personnelles, à la beauté. A force de devenir communes, tout le monde croira pouvoir les obtenir : ainsi, l'espérance d'échapper au châtiment n'abandonnera jamais le coupable, pas même dans les fers ; & les supplices ignominieux ne seront plus que pour les misérables.

On prétend qu'il importe au bien public de conserver les jours à tel ou tel délinquant ; cela peut-être : mais il lui importe beaucoup plus que les loix soient toujours inviolablement observées.

Si le crime ne doit jamais être pardonné, il ne doit point avoir d'asyle. Il y aura donc une jurisdiction unique dans l'état, & le décret de prise de corps lâché par une cour de justice, aura son effet dans toute l'étendue de l'empire.

De la publicité du code criminel.

Que le code criminel soit entre les mains de tout le monde (1), afin que la règle de nos actions soit sans cesse sous nos yeux.

______

(1) Il doit être à si bas prix, que le citoyen le moins à son aise soit en état de se le procurer.

Et

Et puiſque l'homme eſt ſoumis aux loix ; parvenu à l'âge de raiſon, qu'il apprenne à les connoître, & qu'il ſache à quoi il s'expoſeroit en les violant. Ainſi, c'eſt dans ces maiſons où l'on inſtruit la jeuneſſe, qu'on doit préparer l'homme à être citoyen (1).

De ceux qui ne ſont pas comptables de leurs actions à la juſtice.

Il ne faut punir ni les imbéciles, ni les foux, ni les vieillards tombés en démence ; car ils ne ſavent pas quand ils font mal, à peine ſavent-ils ce qu'ils font.

Il ne faut pas non plus punir les enfans ; car ils ne ſentent pas encore l'obligation de ſe ſoumettre aux loix.

A quel âge l'homme eſt comptable de ſes actions à la juſtice ?

L'homme n'eſt puniſſable d'avoir violé les loix, que lorſqu'il eſt arrivé à l'âge de raiſon : comme cet âge varie avec le climat, le tempéramment, l'éducation, & comme il ne faut rien laiſſer d'arbitraire aux juges, c'eſt aux loix à le fixer. Or, la ſageſſe veut que dans chaque pays on les fixe au terme où les ſujets les plus tardifs commencent à ſe former.

Ces principes fondamentaux établis, j'entre en matière.

---

(1) Négliger ce point-là, est un des grands défauts de l'éducation moderne.

D

SECONDE PARTIE.

Des delits & des peines

RELATIVEMENT à leurs objets, on diftingue les délits en huit claffes :

Dans la première, on range ceux qui tendent à la ruine de l'état.

Dans la feconde, ceux qui bleffent l'autorité légitime.

Dans la troifième, ceux qui détruifent la fûreté des individus.

Dans la quatrième, ceux qui attaquent la propriété.

Dans la cinquième, ceux qui bleffent les mœurs.

Dans la fixième, ceux qui attaquent l'honneur.

Dans la feptième, ceux qui troublent la tranquillité publique.

Dans la huitième, ceux qui choquent la religion.

PREMIERE SECTION.

Des crimes contre l'état.

CHAPITRE PREMIER.

Des faux crimes d'état.

DEPUIS que ceux qui tiennent les rênes du gouvernement se regardent comme maîtres absolus des peuples, que de prétendus crimes d'état, qui n'ont pas l'état pour objet !

Le moyen d'en être surpris : des hommes qui vouloient détruire la liberté redoutoient tout ce qui pouvoit la maintenir ; mais pour se défaire de ceux qui avoient le courage de s'opposer à ce noir attentat, il falloit les trouver coupables, & bientôt ils firent un crime de l'amour de la Patrie.

La liberté détruite, ils craignirent tout ce qui pouvoit y rappeller les esprits, & ils érigèrent en crimes le refus d'obéir à leurs ordres injustes ; la réclamation des droits de l'homme, les plaintes des malheureux opprimés.

Parvenus à ne plus compter qu'eux dans l'état, ils qualifièrent du nom de crime tout ce qui leur fit ombrage, & la tyrannie creusa par-tout des abîmes sous les pieds des citoyens.

Lorſque le prince s'eſt emparé de la puiſſance ſuprême, les flatteurs lui prodiguent les titres pompeux de roi des rois, d'empereur auguſte, de majeſté ſacrée; & ils érigent en crimes de lèze-majeſté, en crimes d'état, tout ce qui lui déplait.

Un pouvoir exceſſif flatte d'abord l'ambition. L'a-t-on uſurpé! il devint à charge.

Déſeſpéré de toujours trouver de la réſiſtance à ſes deſirs, fatigué de ſes propres cruautés, rongé d'inquiétudes, & en proie à la crainte, le deſpote ſoupire après le repos qui le fuit; il comprend enfin qu'il ne peut y parvenir que par la ſuperſtition.

Toujours une aveugle obéiſſance ſuppoſe une ignorance extrême: ainſi, après avoir travaillé à avilir les cœurs, il travaille à abrutir les eſprits. Pour ceindre ſur les fronts le bandeau de l'erreur, que fit le deſpote! Il prétendit tout ſavoir de ſcience certaine, ne tenir ſon autorité que du ciel, n'être comptable de ſes actions qu'aux dieux; puis il traita en coupable quelconque oſoit révoquer en douté cette groſſière impoſture, porter ſes regards ſur les affaires du gouvernement, & contrôler ſa conduite.

Aſſez, & trop long-temps, ces tyrans odieux ont déſolé le terre: leur règne va finir; déjà le flambeau de la philoſophie a diſſipé les ténèbres épaiſſes où ils avoient plongé les peuples. Oſons donc approcher de l'enceinte ſacrée où ſe retranche le pouvoir arbitraire; oſons déchirer le ſombre voile dont il couvre ſes attentats; oſons lui arracher ces armes redoutables, toujours funeſtes à l'innocence & à la vertu. Qu'à ces mots de stupides esclaves pâlissent d'effroi ; ils ne blesseront point l'oreille des hommes libres : heureux peuples, qui avez rompu le dur joug sous lequel vous gémissiez, c'est à cette noble hardiesse que vous devez votre bonheur.

Commençons par rétablir les véritables notions des choses.

Rien de plus révoltant que les fausses idées que des légistes soudoyés ont données des crimes d'état.

Ils ont compris sous cette dénomination tout ce qui se fait contre le prince ; & lorsqu'ils vouloient renchérir, ils lui ont substituée celle de crimes de lèze-majesté à différens chefs.

En laissant au prince le titre de majesté, tous les délits qui se commettent contre lui sont des crimes de lèze-majesté, sans doute : mais ces crimes de lèze-majesté, ne sont point de crimes d'état.

En rendant au souverain (1) le titre de majesté qui n'appartient qu'à lui, il est clair que tous les crimes de lèze-majesté sont des crimes d'état : mais les délits contre le prince ne sont plus des crimes de lèze-majesté.

Des écrits contre le prince, etc.

Gardons-nous diriger en loix ces ordonnaces faites pour affermir un injuste pouvoir.

____

(1) J'entends toujours sous ce terme, la nation assemblée en un corps par elle-même ou par ses représentans.

Pour le malheur des nations, combien peu de princes sont dignes de commander; & parmi ceux qui commendent, combien redoutent la lumière! Mais contrôler la conduite de ses chefs fut toujours le droit d'un peuple libre, & nul peuple ne doit être esclave.

Ce droit qu'a le corps entier de la nation, chacun de ses membres l'a pareillement : droit précieux, qui souvent servit à réprimer les abus de l'autorité, même dans ces pays où l'on n'a point encore osé la circonscrire ; car les monarques eux-même sont soumis à l'empire de l'opinion : or quel sera l'organe de l'opinion publique, si personne n'ose élever la voix! Dès-lors sans frein, au milieu des méchans qui l'encouragent au crime pour abuser de sa puissance, le prince sacrifiera tout à ses funestes penchans ; il fera tomber sous ses coups les têtes les plus redoutables à la tyrannie ; & n'ayant plus à craindre la voix du peuple, il s'affranchira bientôt de celle des remords.

Tout écrit où, sans manquer à la décence, on examine les projets du gouvernement, ou l'on pèse ses demarches, où l'on discute ses prétentions, & où l'on réclame contre ses entreprises illicites, doit être avoué par les loix. — Mais n'est ce pas là ouvir la porte à la licence ; & que deviendra la majesté du trône, si chacun ose médire de celui qu'il occupe! Esclaves foudoyés! ignorez-vous que ce sont les vices seuls du prince qui deshonorent le trône, & non le jugement qu'on en portera. — Mais si le prince est calomninié! Vous

connoiſſez peu la conſidération attachée aux di-
dignités. Comment, les rois n'en impoſent-t-ils
pas aſſez par l'apareil de la puiſſance, pour qu'on
oſe leur marquer d'égards ! Et qui ſeroit tenté de
le faire, s'ils ſe diſtinguoient par des vertus !
Expoſés aux regards des peuples, comme les ſi-
mulacres des dieux, ils n'inſpireroient que des ſentimens de reſpeᷠ. Qu'ils raſſemblent donc autour
du trône le mérite, la ſageſſe, les talens ; qu'ils
veuillent le bien ; qu'ils le faſſent, tous les cœurs
voleront au-devant d'eux ; & chacun leur adreſſera
ſes hommages. — Mais les traits empoiſonnés des
méchans ! Les princes n'en ſont point bleſſés :
en vue comme ils le ſont toujours, rien de ce
qu'ils font ne s'ignore ; leurs verus & leurs vices
ſont connus de chacun. Vertueux : l'indignation
publique les vengera bien aſſez des téméraires qui auroient l'inſolence d'en médire. Vicieux, les fai-
ſeurs d'épigrammés ne diront rien qu'on ne ſache
déja : — Mais on peut calommnier le vice même :
refuſera-t on au prince la juſtice qu'on accorde à
ſes ſujets ! S'il veut ſatisfaᷠion ; qu'il pourſvive
l'accuſé devant les tribunaux : mais qu'on n'inter-
prête point en mauvaiſe part des diſcours violens,
diᷠés par l'amour de la patrie ; qu'on ne puniſſent
que les calomnies, les injures, le ton indécent,
& qu'on n'oublie jamais que la peine doit être légère ; car le droit de contrôler le gouvernement
eſt la ſauve-garde de la liberté publique : or, perſonne ne veut uſer de ce droit, lorſqu'il expoſe
à trop de dangers. Ainſi, que la peine ſe borne
à être déclaré mal élevé. Quelque légère qu'elle

paroiffe d'ailleurs, ne craignez rien pour les bons princes ; toujours ils feront adorés de leurs peuples : mais quand un méchant prince pafferoit pour plus méchant encore, quel inconvenient ! ce ne feroit qu'un petit mal pour un grand bien.

Refte à réprimer les libelles anonymes : qu'ils foient donc prohibés, & que la peine tombe fur l'imprimeur & ceux qui le débitent comme fur l'auteur. A l'égard des premiers, qu'elle foit pécuniaire : c'eft par la cupipité qu'il faut réprimer la cupidité : A l'égard du dernier, qu'elle foit celle des diffamateurs.

Des réclamations contre le prince, & de la réfiftance à fes ordres injuftes.

L'autorité n'a été confiée aux princes que pour le bonheur des peuples. S'ils règnent, ce doit être avec équité : il eft donc toujours permis de réclamer juftice contr'eux, & de fe plaindre lorfqu'on ne l'obtient pas.

Le prince eft le miniftre de la loi. Parle-t-il en fon nom, il faut obéir ; mais il ne doit parler au nom de la loi, que lorfqu'il s'agit du bien public : autrement, quand il commande, le magiftrat fuprême difparoît, & l'homme refte. La défobéiffance à des ordres injuftes, & la réfiftance à des entreprifes illicites, ne doivent donc point être réputées des délits.

Des attentats contre la vie du prince.

On les a mis au rang des crimes d'état ; mais fans raifon. Dans tout gouvernement légitime, le prince n'eft que le premier magiftrat de la nation, & fa mort ne change rien à la conftitution de l'état : quand l'ordre de la fucceffion eft fixé, & qu'on a pourvu aux interrègnes ; elle ne fait que priver un individu de la jouiffance du trône, qu'un autre occupera bientôt. — Mais attenter contre le prince,, n'eft ce pas attaquer le fouverin lui-même dans la perfonne de fon repréfentant ? Comme ce feroit l'attaquer, que d'attenter contre tout autre officier de l'état ; car le prince eft le miniftre du fouverain, & non fon repréfentant [1]. — Mais lorfque le prince eft digne de commander, la nation ne fait-elle pas une perte cruelle ? Affurément, comme elle en fait une cruelle auffi dans la mort d'un habile adminiftrateur qui confacroit fes talens au bien public.

Pour achever de fe convaincre que meutre du prince n'eft pas crime d'état, il fuffit de comparer les châtimens de ces crimes. On fe contente de décapiter un confpirateur ; tandis qu'on écorche, qu'on ténaille, qu'on écartelle, qu'on martyrife un fcélérat qui a attenté aux jours du prince. Pourquoi cela ? Si le prince ne fe mettoit au-deffus de l'état au-deffus du fouverain. Après avoir ufurpé le pou-

---

(1) Les repréfentans du fouverain font les députés de la nation.

voir suprême, sentant que ses sujets ne peuvent prendre en lui aucune confiance, il vit au milieu d'eux comme au milieu de ses ennemis : or, pour rendre sa personne sacrée, & inspirer un respect sans bornes pour tout ce qui le regarde, il ne connoît que la terreur.

Le meurtre du prince n'est qu'un simple assassinat, À dieu ne plaise que j'entreprenne d'affoiblir l'horreur que ce crime doit inspirer : mais je voudrois, s'il se peut, rétablir les vrais rapports des choses, & proscrire ces supplices effroyables inventés par l'amour de la domination : — affreux épouvantail dont les despotes s'environnent sans cesse. — Direz-vous que la simple peine de mort est trop peu réprimante ? Ouvrez les annales des peuple, & voyez. En Angleterre où le régicide n'est puni que de la hâche, pas un exemple de ce crime. En France, où il est puni des supplices les plus horribles, que d'attentats contre la vie de nos rois !

De l'altération des espèces monnoyées:

Crime par-tout capital, & par-tout réputé crime d'état ou de lèze-majesté au second chef. Eh ! qu'à donc de commun la sûreté de l'état avec de la monnoie contrefaite ! — Le crédit national en souffre. Que peut-il perdre par la circulation de quelques pièces rognées ou de bás-aloi ! —Du moins est-ce un tort réel fait au public. Dites plutôt à quelques particuliers qui les reçoivent : mais qui les force de les recevoir ! puisqu'il est impossible de cacher la fraude (1), un peu d'attention ne fuffit-il pas pour la découvrir !—Et le mépris de l'autorité fouveraine! Erreur encore : jamais homme coupable de ce crime ne fongea, en le commettant, qu'au gain qui pourroit lui en revenir. Et puis, quand cela feroit, ce mépris paroit il moins dans cent autres crimes dont la peine n'eft pas capitale ? A prendre les chofes fous ce point de vue, tout crime n'eft-il pas une violation de la loi, un mépris de l'autorité fouveraine?

Ceffons, pour de pareils délits, de toujours tremper nos mains dans le fang. Altérer ou contrefaire la monnoie, eft un crime fans doute : mais puifque ce crime fe réduit à un léger tort fait à quelques individus, je dirois qu'il foit puni comme fraude, fi on pouvoit connoître tous les individus léfés : que le délinquant foit donc condamné pour la vie aux travaux publics.

De la contrefaction des efpèces monnoyées.

Battre clandeftinement de bonnes efpèces, eft auffi réputé crime de lèze-majefté au fecond chef ; & avec raifon, dit un auteur célèbre, car c'eft s'arroger les droits du fouverain. Mais les droits du fouverain peuvent-ils perdre quelque chofe par ces manœuvres clandeftines !

---

(1) Les propriétés caractéristiques de l'or et de l'argent sont si bien connnes, qu'il est impossible de s'y méprendre, si la vue seule ne suffisoit pas le plus souvent pour distinguer ces métaux.

Refte pour tout délit d'avoir fraudé le bénéfice que le gouvernement fait fur les monnoies. A ce titre, le délinquant doit être puni ; mais il ne doit l'être que comme fripon. Qu'il foit donc condamné à une amende pécuniaire envers l'état.

S'il récidive, qu'il foit condamné pour la vie aux travaux publics.

Suite des deux articles précédens.

Au lieu de chercher comment il faut punir ces délits, ne vaudroit-il pas mieux chercher comment on peut les prévenir.

Eriger en crime tout ce qu'on veut empêcher, punir les coupables, & faire de leur fupplice un épouvantail ; voilà l'efprit de la politique moderne. Quoi ! toujours des chaînes, des cachots, des roues, des gibets ! Mais ce que l'effufion du fang ne fauroit faire, fouvent on l'effectue avec quelques fages réglemens de police ; & dans le cas actuel, rien de plus aifé que de réuffir. Voulez-vous qu'on ne rogne jamais les efpèces ! ordonnez qu'on les prenne au poids. Voulez-vous qu'on n'en frappe point de fauffes ! ordonnez qu'on les faffe paffer par une filière de calibre. Voulez-vous qu'on ne les contrefaffe jamais ! que le gouvernement fe contente d'un petit bénéfice. Lorfque les honnêtes gens feront ainfi fur leurs gardes, quel efpoir de tromper reftera-t il aux fripons.—Mais être toujours fur fes gardes, quel embarras ! Hé, ne faut-il pas y être toujours pour fon propre intérêt ! Mauvais citoyens ; quoi, le plaifir de prévenir tant de maux aux prix de quelques petits foins ne pourra donc toucher vos ames !

On ne fauroit trop infifter fur la néceffité d'abroger les loix cruelles portées contre ces crimes. De combien d'atrocités ne font-elles pas la caufe ! Le croira-t-on , il y a en Europe un gouvernement rénommé pour la fageffe de fon code criminel, où l'on ne fe borne pas à faire périr le faux monnoyeur ; on y menace du même fort quiconque auroit en fa poffeffion une pièce de fauffe monnoie, s'il ne pouvoit prouver d'où il la tient. Ainfi une diftraction , & qui pis eft, une mauvaife vue peut attirer fur l'homme de bien une mort ignominieufe , qui ne doit être réfervée qu'aux fcélérats.

De la contrebande.

Que de loix arbitraires contre ce délit ; & , comme celles de Draco , toutes écrites avec du fang !

Dans ces pays où les revenus public font affermés , des hommes avides & infatiables arrachent fouvent du prince des ordres pour s'affurer des dépouilles de l'état. Ces ordres barbares font exécutés d'une manière plus barbare encore : tout contrebandier qui réfifte eft puni de mort ; & combien de pauvres payfans font traînés aux galères , qui n'ont fait d'autre mal que d'avoir voulu paffer furtivement quelques livres de fel.

Qu'on ne s'y trompe point : ce n'eft pas le crime que je cherche à excufer, ce font les préjugés deftructeurs que je cherche à détruire , ce sont de justes idées des choses que je tâche d'établir.

Faire la contrebande , c'est introduire furtivement quelque marchandise prohibée, ou passer quelque marchandise sans acquitter les droits de douane : partez de-là pour fixer , dans ces deux cas la punition méritée.

Mais ne nous départons point de nos principes. Il ne faut jamais punir le crime , quand on peut le prévenir. Voyez , je vous prie, quels sont ceux qui fraudent ainsi les droits de l'état : —des malheureux à qui cet indigne métier est souvent l'unique ressource laissée pour vivre. Voulez-vous détruire la contrebande ? Mettez le pauvre en état de pourvoir honnêtement à ses besoins, & ne chargez pas de droits onéreux les choses de première nécessité (1).

Que si après cela , l'appas d'un gain illicite tentoit encore quelque misérable , l'infraction de la loi ne doit d'abord emporter d'autre peine que la confiscation des marchandises en contrebande.

En cas de récidive , qu'elle emporte de plus une amende envers l'Etat.

---

(1) Imagineroit-on qu'il y ait en France des provinces entières où le malhéureux paysan est condamné à manger du sel, quoique la misère lui ôte les moyens d'acheter de quoi l'employer, si l'on ne connoissoit tout ce que peut la rapacité de traitans ?

Et fi le délinquant eft repris en faute, qu'il perde fa liberté.

De la défertion.

Il n'eft pas fimplement injufte, mais abfurde, de rendre ce délit capital. Comment un foldat craindroit-il de perdre la vie, lui qui eft accoutumé à l'expofer chaque jour pour fi peu de chofe, lui qui fait gloire de méprifer la mort ? S'il paroît redouter l'infâmie comme le plus grand des malheurs, retenez-le fous les drapeaux par la crainte d'une peine flétriffante.

Il faut néanmoins toujours diftinguer le cas.

Lorfque les troupes ne font compofées que de mercénaires, elle n'eft qu'une fimple friponnerie, quand le déferteur emporte armes & bagage : il fera donc condamné à reftitution envers fon capitaine, & au pilori (1).

S'il n'emporte que fon habit, & qu'il n'ait éprouvé ni mauvais traitement ni paffe-droit, il fubira trois mois de prifon.

Que fi l'enrôlement avoit été forcé, dans les deux cas le déferteur fera abfous.

Mais il importe d'ôter tout prétexte aux déferteurs, en rendant nuls engagemens forcés, Ainfi,

---

(1) Dans un gouvernement bien ordonné, la police et la discipline de l'armée ne doivent appartenir qu'au pouvoir militaire : mais pour tout le reste, et officers et soldats doivent être soumis aux loix comme les autres sujets.

les militaires autorifés par leurs corps à récruter, feront tenus de remettre leur pouvoir au magiftrat de la police, puis de lui préfenter dans les vingt-quatre heures les fujets qu'ils auront engagés, & qui feront libres de fe faire accompagner par leurs parens ou leurs amis. Ce ne fera qu'après s'être affuré que l'engagement eft volontaire, que ce Magiftrat le fignera, & qu'il fera cenfé valide.

Tout recruteur pris en contravention, fera condamné à l'enprifonnement pour un terme égal à celui de l'enrôlement forcé.

—————

CHAPITRE

CHAPITRE SECOND.

Des vrais crimes d'état.

ON doit réputer crimes d'état : abandonner la patrie, fous ce titre eft comprife la défection ; rendre l'autorité odieufe en abufant de quelque emploi, fous ce tirre font comprifes les vexations & les concuffions ; vendre la juftice, fous ce titre font comprifes les prévarications ; appauvrir l'état, en pillant le tréfor public, fous ce titre font compris le péculat & les déprédations ; trahir l'état, fous ce titre font comprifes les malverfations & les machinations avec les ennemis de la patrie ; détruire les forces & les richeffes de l'état, fous ce titre font compris tout incendiat de (1) vaiffeaux, de chantiers, de magafins, d'arfenaux, d'archives & d'édifices publics ; enfin, confpirer contre l'état, en cherchant à débaucher l'armée, & à corrompre les chefs de l'adminiftration pour renverfer les loix, bouleverfer le gouvernement, & s'emparer de l'autorité fouveraine. Crimes énormes ! en ce qu'ils facrifient le bonheur de la multitude à la cupidité & à l'ambition de quelques individus.

---

(1) Action de mettre le feu à deffein, crime des incendiaires. Je fupplie qu'on me paffe ce terme ; je ne cours pas après le néologifme, mais faut-il fe l'interdire abfolument, lorfque la langue manque de mots propres ?

E

Mais comme ils font plus ou moins graves, leur châtiment ne doit pas être le même.

De la défection.

Elle n'eſt crime d'état que dans les pays où les armées ſont compoſées de citoyens ; & comme elle devient alors un abandon des intérêts de la patrie, que le déliquant ſoit à jamais déchu de ſon droit de cité.

Des vexations & des concuſſions

Toute vexation eſt un abus d'autorité, & toute concuſſion une ſurchage illicite d'impôts : quoique ces délits ſe compliquent aſſez ſouvent, celui-ci regarde plus particulièrement les employés à levée des deniers publics, ou plutôt les traitans ; celui-là regarde plus particulièrement les officiers civils du prince. Crimes ſi connus en certains pays, & ſi peu déshonorans, que l'un eſt regardé comme une prerogative de certaines places, un ſigne de puiſſance ; l'autre comme un privilège de la ferme, car les traitans achètent du prince la permiſſion de lever des contributions arbitraires ſur les ſujets. Mais laiſſons-là les gouvernemens où de pareilles horreurs ſont paſſées en uſages.

Pour ſe faire une juſte idée de la punition que méritent ces délits, il faut conſidérer les maux cruels qu'ils traînent à leur ſuite.

Ils ſe comettent ordinairement contre des hommes

fans foutien, contre des malheureux hors d'état de faire valoir leurs reclamations.

Pour s'enrichir de leurs dépouilles, fouvent le concuffionnaire leur enlève leur dernière ref-fource, & toujours au nom facré des loix : tandis que le vexateur, abufant de l'autorité, viole à leur égard la foi public, & change en tyrannie la protection que leur doit le gouvernement. Ainfi en réduifant à la mifère ces infortunés, & en leur faifant détefter la domination fous laquelle ils vivent, ils ôtent à la fociété une multitude de membres utiles, & lui donnent une multitude de membres dangereux.

Le vexateur eft un admiftrateur infidèle, le con-cuffionnaire un lâche brigand, & tous deux des traîtres à l'état.

Pour réparer leur crime, qu'ils foient condam-nés à indemnifer les malheureux qu'ils ont fait ; & pour l'expier, qu'ils perdent leur liberté.

Des prévarications

Faire fervir l'autorité à vexer des malheureux, eft toujours un grand crime : mais la faire fervir à opprimer l'innocence, eft toujours un crime énorme. Et quoi de plus révoltant, que de voir les défen-feurs des mœurs donner l'exemple de la corruption, les miniftres de la juftice fe vendre à l'iniquité, & les gardiens des loix en faire un inftrument de tyrannie !

Que le prévaricateur, condamné à réparer (au

tant que poſſible) tout le mal qu'il a fait, ſoit noté d'infâmie, & perde pour toujours ſa liberté.

Du péculat & des déprédations.

Rarement les mains chargées de la garde ou du maniement des deniers publics, ſont-elles pures : dé-là le péculat & les déprédations. Crimes très-communs de nos jours, mais peu honteux : ſans doute, parce qu'ils ſont commis par des hommes en place, conſtitués en dignité & en puiſſance. Telle eſt même à cet égard la dépravation des mœurs du ſiècle, que plus ces crimes ſont énormes, plus on les pardonne aiſément.

Lorſque les peuples ſont peu chargés d'impôts, & que les revenus de l'état ſont adminiſtrés avec ſageſſe, le péculat ôte toujours au prince quelque moyen de ſupporter les charges du gouvernement; mais il ne fait point de victimes particulières, & ne donne à la ſociété ni membres inutiles, ni membres dangereux; à cet égard, c'eſt un crime moins grave que la vexation & la concuſſion.

Le péculat eſt un vol des deniers publics par quelque prépoſé à leur garde; que le délinquant ſoit donc condamné à reſtitution, à une amende envers l'état, puis chaſſé honteuſement de ſa place.

La même peine doit être infligée au déprédateur, car la déprédation eſt une friponnerie commiſe dans la geſtion des deniers publics.

*Des malverſations, **des machinations**, & des trahiſons.*

Abuſer de ſa miſſion pour s'enrichir, & ſacrifier à ſes vues particulières le bien public, le ſalut de l'état, eſt un crime affreux.

Comme la ſociété ne peut plus avoir de confiance en celui qui s'en eſt une fois rendu coupable, & qu'elle auroit tout à craindre de lui s'il pouvoit ſe voir libre, il doit être retranché du nombre des vivans.

Je ne parle point ici de la confiſcaſion des biens, ſi en uſage en pareil cas ; châtiment toujours dangereux, en ce qu'il rend incertaines les propriétés ; châtiment ſouvent injuſte, en ce qu'il fait retomber la faute d'un coupable ſur des innocens.

De l'incendiat de vaiſſeaux, de chantiers, de magaſins, d'arſenaux, d'archives & d'édifices publics.

Crime atroce, digne du dernier ſupplice : car il ne tend pas ſeulement à appauvrir l'Etat, & quelquefois à le perdre (1) : mais à faire périr dans les flammes nombres de malheureux, & à réduire en cendres des villes entières.

Que le coupable perde la vie ; que l'appareil de ſon ſupplice ſoit effrayant, & qu'il en ſoit témoin lui-même.

––––––––––––––––––––––––––––––

(1) Lorsqu'il enlève à l'état ses forces, au moment où il en a besoin contre ses ennemis.

E 3

Des conspirations.

Lorsque la nation est libre & heureuse, elles font le plus grand des crimes, en ce qu'elles tendent à renverser la constitution, & à détruire les loix qui font son bonheur.

Il n'est point de supplice dont un pareil attentat ne soit digne. Malheureusement il n'est rien moins que flétrissant : sa grandeur même lui sert d'excuse, quelquefois il se couvre du prétexte de faire le bien des peuples, & il a ordinairement pour auteurs quelques personages de marque, souvent les grands officiers de l'Etat, & souvent son chef même, toujours sûr de l'impunité.

Si les conspirateurs ne font pas au-dessus de la crainte du châtiment, qu'ils expient leur crime par une mort ignominieuse.

Les loix ne doivent point déclarer criminel d'état, un citoyen qui ne révéleroit pas un complôt, une conspiration dont il seroit instruit : parce qu'elles ne doivent jamais forcer un homme de bien de s'exposer à être puni comme calomniateur, en se portant délateur des crimes dont souvent il ne pourroit fournir la preuve, & qu'elles ne peuvent obliger un homme d'être le délateur de ses parens, de ses enfans ou de ses amis.

On peut attaquer la sûreté de l'Etat, jamais sa gloire. Ce font les malheurs qu'entraîne à sa suite une mauvaise administration, & non des traits de satyre qui peuvent le flétrir. Nul auteur ne

pourra donc être recherché pour avoir écrit aus-
sitôt l'hiftoire du temps avec hardieffe & vérité.

SECONDE SECTION.

Des crimes contre l'autorité légitime.

Du mépris des ordres du prince & des magiſtrats.

Lorsque les loix font juftes, chacun doit leur
être foumis. Si quelqu'un refufe d'obéir aux ordres
émanés pour leur exécution, qu'il y foit contraint
par la force, puis condamné à quelque temps de
prifon.

S'il récidive, qu'il foit exilé pour toujours.

Du mépris de l'autortté paternelle.

Puifqu'on n'élève plus l'homme pour la patrie,
& que chaque famille forme dans l'Etat une petite
fociété ifolée, qui n'a en vue que fon intérêt particulier : il faut en laiffer le gouvernement au chef :
rien n'attache plus un père à fes enfans que de voir
qu'ils attendent de lui feul leur bonheur, & rien
n'attache plus des enfans à leur père que d'être
habitués à le regarder comme leur bienfaiteur. Ainfi,
attribuer aux tribunaux le foin de connoître de tous
les différens domeftiques, feroit ouvrir la porte à

une foule d'abus. Mais , comme il fe trouve quelquefois des parens & des enfans dénaturés , c'eft aux loix à les faire rentrer dans le devoir.

Si des parens ont recours à l'autorité publique contre des enfans trop mutins, ou fi des enfans réclament la protection publique contre des parens trop durs , le magiftrat chargé de la police examinera l'affaire , & en ordonnera fuivant la loi.

Ainfi, pour mutinerie opiniâtre, l'enfant fera renfermé pendant huit jours dans une maifon de force , privé de toute fociété , tenu au pain & à l'eau. En cas de récidive , on doublera chaque fois le terme de la détention , & on ne changera point le régime.

D'une autre part , pour traitement indigne , les parens feront réprimandés en particulier par le magiftrat de la police , puis en public au cas de récidive. S'ils ne fe corrigeoient pas , l'enfant leur feroit ôté pour être élevé à leurs dépens.

Mais comme il faut éviter la ti p grande multiplicité des affaires, les parens ne feront pas reçus à porter plainte contre un enfant au-deffous de douze ans ; & les enfans ne feront pas reçus à porter plainte contre leurs parens , qu'ils n'aient fur le corps quelque marque de violence , ou que leur fanté ne foit altérée par le befoin d'alimens.

Des maîtres & des domeftiques.

D'un côté eft l'empire, de l'autre, la foumiffion. Eh ! qui ne voit que l'état des malheureux eft forcé ? Enchaînés à la fociété , fans pouvoir en fortir, ne font-ils pas contrains de refpecter un ordre de chofes établi à leur préjudice ! Faudra-t-il donc, pour prix de leur refpect, qu'ils aient encore à fupporter nos mauvais traitemens ! Non , fans doute, un domeftique doit des fervices à fon maître en échange de l'entretien qu'il en reçoit , fauf à rompre le marché dès qu'il ceffe de leur convenir.

S'il arrive entr'eux quelque différent du reffort des loix , que toujouss la juftice voie un homme libre dans un ferviteur.

TROISIEME SECTION.

Des crimes contre la fûreté des fujets.

Du meurtre prémédité.

L A vie eft le feul des biens de ce monde qui n'ait point d'équivalent ; ainfi la juftice veut que la peine du meurtre volontaire foit capitale. « Quiconque , de deffin prémédité , aura ôté la vie à un autre , doit perdre la fienne ».

Cent confidérations peuvent aggraver ce crime : aucune ne peut l'exténuer ; mais quelque atroce qu'il foit , & quelque dénomination qu'on lui donne , le fupplice ne doit être recherché que du côté de l'ignominie : qu'il devienne donc plus in-fâmant , fans devenir plus cruel.

Avant le fupplice , que l'empoifonneur ne faffe pas feulement amende honorable : mais qu'attaché au pilori , un écriteau fur la poitrine , il foit ex-pofé quelques heures à l'indignation du peuple.

Dans les cas où les loix de la nature & de la fociété font également violées , il faut des exemples plus propres à faire impreffion ; ainfi , pour l'affaffinat d'un ami , d'un bienfaiteur , d'un frère , d'une fœur , d'une fille , d'un fils , d'un père , d'une mère , rendez affreux l'appareil du fupplice , mais que la mort foit douce.

J'en dis de même de l'affaffinat du prince , d'un magiftrat , d'un miniftre , cas où l'intérêt public exige des peines exemplaires.

Des violences et des outrages.

Employer des voies de fait pour contraindre quelqu'un à confommer un acte (1) , c'eft attenter à fa liberté , à fa fûreté , à fa vie ; & à chacun de ces égards , la peine du coupable paroît déterminée par la nature du délit.

Ainfi , pour fimple détention forcée , il perdra fa liberté autant de mois , que d'heures l'outragé a perdu la fienne.

---

(1) On sent bien que dans ce cas l'acte est toujours nul de droit.

Pour refus d'alimens néceffaires au soutien du corps durant la détention , pour coups, blessures ou menaces de mort , il fubira la peine du guet-à-pens.

Du guet-à-pens , des bleffures dangereufes , des mutilations , & autres attentats contre la vie , qui ne fout pas fuivis de mort.

Dans tous ces cas , le mal commis eſt moindre que dans celui de meurtre ; la peine du crime doit donc être moins grave ; mais comme la fociété a tout à craindre de ceux qui s'en font une fois rendu coupables , qu'ils perdent leur liberté pour toujours ; ils feront donc condamnés pour la vie aux travaux publics , et aux travaux les plus rudes.

Du meurtre commis en fe défendant.

Lorfque la loi , faite pour protéger ceux qui vivent fous fon empire , n'a pas le temps de venir au fecours d'un opprimé ; au milieu de l'état focial , il rentre dans l'état de nature , & a droit de repouffer la force par la force. S'il tue pour sa défenfe , qu'il purge fon procès , & qu'il foit abfous.

Pour purger fon procès , il lui fuffira de prouver qu'il a été affailli , fans avoir été l'aggreffeur. Ainfi il fe rendra immédiatement , avec quelques témoins du fait , chez un juge de police , & fe conftituera prifonnier.

Si la dépofition des témoins , ouïs feparément ,

eſt toute à ſa décharge , il ſera mis en liberté , ſous cautionnement de ſe préſenter à ſes juges au jour preſcrit , pour ſubir ſon jugement.

Si la dépoſition des témoins n'eſt pas toute à ſa décharge , il ſera détenu en priſon juſqu'à ce que le fait ſoit éclairci , & qu'il ſubiſſe ſon jugement.

Du meurtre involontaire.

L'auteur d'un meurtre involontaire , commis par accident ; ou par voies de fait dans la chaleur d'une diſpute , après avoir purgé ſon procès , ſera con- damné à une amende au profit de la famille du mort ; et , en cas de refus , au profit des enfans-trouvés , ou de quelqu'autre hoſpice de charité.

Pour purger ſon procès ; il lui ſuffira de prouver que le meurtre n'a point été prémédité : ainſi il ſe rendra immédiatement , avec quelques témoins du fait , chez un juge de police , & ſe conſtituera pri- ſonnier. Dans ce cas , le juge de police ſe conduira à l'égard du prévenu comme dans le cas précédent.

Du duel.

Quand la loi a pourvu à la réparation des offen- ſes , on ne doit point ſe faire juſtice à ſoi-même. Mais quand elle n'y a point pourvu , l'offenſé reſte ſon propre vengeur , & alors le duel ne doit pas être réputé crime ; car les loix de la ſociété ne doi- vent point aller contre celles de la nature.

Ceux qui ſentent les inconvéniens du duel , demandent de quelle manière il faudroit le punir : ils feroient mieux de chercher de quelle manière il faut le prévenir. Hé ! comment ne voyent-ils pas que cet abus de liberté dont ils se plaignent, est l'ouvrage des légiflateurs ? On ne cesse de répéter que l'honneur doit nous être plus cher que la vie ; & les loix l'ont presque toujours conté pour rien. Qu'un homme refuse de laver un affront dans le sang de son ennemi, il est proscrit de la société : qu'il en tire vengeance, il est flétri par la justice, à moins qu'il ne soit d'un rang ou d'un état à compter sur l'impunité. Que faire dans cette cruelle alternative ! De deux maux, choisir celui qu'on redoute le moins : le devoir est donc sacrifié à l'opinion.

Pour faire cesser l'usage barbare du duel, je ne vois que deux moyens efficaces. Le premier seroit que la loi ordonnât la réparation des injures.

Pour injures qui n'attaquent point la probité, le délinquant seroit condamné à faire à son adversaire des excuses en public.

Pour injures qui attaquent la probité, il seroit condamné à une amende pécuniaire, à peu-près équivalente à la perte du crédit que la diffamation pouvoit occafionner à la partie adverse.

Pour menaces de voies de fait à la suite de quel-qu'injure, le délinquant seroit arrêté, et ne feroit remis en liberté que fous cautionnement de bonne conduite.

Enfin le port d'armes feroit défendu à tout tapageur, fous peine de prifon perpétuelle.

Si ce moyen se trouvoit insuffisant, ce qui est plus que probable, il en est un autre qui atteindroit sûrement le but.

Comme c'est mal prouver qu'on ait eu raison d'insulter quelqu'un, que de le blesser ou de le tuer, quel qu'ait été le sort des armes, la loi ne déclareroit coupable que le seul aggresseur ; elle ordonneroit, sous peine d'une très-forte amende, qu'il fût poursuivi par la femme, les enfans ou le plus proche parent de l'outragé ; & à leur défaut, par la partie publique.

La peine décernée contre le délinquant seroit de lui couper les doigts de la main dont il a manié l'arme meurtrière. S'il venoit à s'échapper, il seroit condamné à un bannissement perpétuel, & le quart de ses biens confisqué au profit de l'outragé, ou de ses héritiers en cas de mort. On sent bien que cette disposition de la loi engage l'outragé à prendre des témoins de l'offense qu'il a reçue, afin de se pourvoir en justice.

Mais pourquoi des supplices, lorsqu'on peut épargner le sang ! C'est à l'esprit philosophique, qui a détruit presqu'en tous lieux l'empire redoutable de la superstition, à détruire aussi l'empire de ce préjugé barbare.

De l'altération pernicieuse des comestibles.

Parmi les crimes qu'enfante la soif de l'or, il en est peu de plus graves que l'altération pernicieuse des commestibles, vu le danger où elle expose la vie des hommes.

Altérer ou vendre des marchandifes altérées , de manière qu'elles foient dangereufes ; & que la fraude ne foit pas fenfible , c'eft non-feulement nous priver de la fanté , le plus précieux des biens , mais nous livrer à de longues fouffrances , qui ne finiffent quelquefois qu'à la mort. Ce crime tire des conféquences par fon énormité ; il doit donc être d'autant plus févèrement puni , qu'il a des fuites plus cruelles.

Dans certains pays , les braffeurs font dans l'ufage d'ajouter des noix d'inde au houblon , afin de rendre la bierre plus piquante ; & prefque par-tout c'eft la pratique conftante des cabarretiers de lithargirer les vins qui commencent à tourner à l'acide : odieufes pratiques dont les funeftes effets ne font que trop communs. Il en eft d'autres , néanmoins , beaucoup plus odieufes encore. Pour rendre la couleur aux capres et aux cornichons confis , il fe trouve de malheureux épiciers qui les tiennent dans des vafes de cuivre : ce qui les rend très-vénéneux.

Le coupable n'a pas formé le deffein d'empoifonner le public , j'en conviens ; mais lorfqu'il n'ignore pas les funeftes effets des alimens qu'il a altérés par l'appas du lucre , il fe joue barbarement de la vie des hommes ; & en quoi diffère-t-il d'un affaffin ! Je dirois qu'il foit puni comme tel , fi la mort fuivoit toujours l'ufage de ces alimens , fi l'imprudence ou la bêtife d'un domeftique ne fervoit quelquefois d'excufe au maître , & s'il ne valoit pas toujours mieux tirer le châtiment de la paffion même qui a fait violer la loi.

Si donc l'usage de ces alimens vénéneux n'a causé que maladie, le vendeur sera saisi ; une portion de ses biens sera adjugée à la partie lésée, & on affichera sur l'endroit le plus apparent de sa boutique, un écriteau en grandes lettres, portant ces mots :

ICI LE MARCHAND PAR QUI L'ON COURT RISQUE D'ÊTRE EMPOISONNÉ.

Si l'usage de ces alimens avoit causé la mort, la moitié des biens du délinquant seroit adjugée aux héritiers du défunt, & de plus, il seroit condamné aux travaux pubics pour le reste de ses jours.

Mais souvent le mal que font ces alimens vénéneux n'est sensible qu'à la longue, & il est difficile d'en constater la cause : d'ailleurs celui qui les a altérées peut quelquefois être plus ignorant que méchant. Il seroit donc bien plus sage de prévenir ce délit que de le punir. Ainsi, après avoir (sous les peines stipulées) défendu aux marchands l'usage des ustensiles dangereux & des pratiques funestes, on établiroit dans chaque ville quelque inspecteur des commestibles. Avec l'attention de n'élever à cet emploi que des hommes d'une probité reconnue, & de leur enjoindre de faire fréquemment leur visite, & toujours à des heures imprévues, il seroit presqu'impossible d'échapper à leur vigilance.

Si quelque délinquant étoit surpris, l'homme public apposeroit les scellés sur l'objet sophistiqué, puis il feroit son rapport au magistrat chargé de la police. On constateroit le délit, & la peine décernée par la loi seroit de détruire publiquement les marchandises marchandifes altérées , d'afficher fur la boutique un écriteau diffamant , & de condamner le coupable à une amende envers l'Etat , s'il n'étoit pourfuivi que par la partie publique.

Parmi les moyens d'acquérir mis en ufage par la cupidité, il en eft qu'on ne fauroit regarder comme criminels , & qui pourtant devroient être défendus : tel eft la vente des commeftibles gâtés. On voit dans les grandes villes , à chaque coin de rue , des panniers d'amandes rances , de figues moifies , de raifins pourris , dont la valeur d'un fol fuffit pour empoifonner un enfant. C'eft fur-tout contre les pauvres , cette partie du peuple prefque toujours abandonnée par le gouvernement, que ces abus font exercés. L'établiffement d'une charge d'infpecteur des commeftibles auroit encore ce bon effet , qu'il fauveroit la vie à une multitude de fujets , & qu'il préviendroit bien des crimes , dans des cas où la juftice ne voit point de coupables à punir.

Du fuicide.

L'homme n'eft attaché à la fociété que par le bien-être : s'il n'y trouve que mifère , il eft donc libre d'y renoncer.

L'homme n'eft attaché à la vie que par le plaifir ; lorfqu'il ne fent fon exiftence que par la douleur , il eft donc libre d'y renoncer.

Sans doute il eft avantageux à l'état que la fuicide ne foit pas commun : mais pour l'empêcher , le légiflateur n'a droit d'employer que la bienfai-

F

fance. Traîner fur une claie le cadavre d'un infortuné qui s'eft donné la mort, flétrir fa mémoire,
confifquer fes biens, déshonorer & ruiner fa famille, font des actes d'une affreufe tyrannie.

QUATRIEME SECTION.

Des crimes contre la propriété.

Du vol & de fes différentes éfpèces

TOUTE peine capitale de ce crime eft injufte,
puifqu'il n'y a point de proportion entre le prix de
l'or & celui de la vie.

Condamner les voleurs à reftituer, c'eft les forcer de rétablir, autant que faire fe peut, l'ordre
focial qu'ils ont troublé. Mais comme il eft poffible
que leur crimes ne foit ni découvert ni prouvé,
les condamner à fimple reftitution feroit leur infli-
ger une peine trop peu réprimante : qu'ils foient
donc aufi condamnés, envers l'Etat, à une amende
proportionelle à la gravité du délit, & aux rifques
où font expofés les biens des fujets ; enfin, uu'ils
foient notés d'infâmie, par la publicité de leur
condamnation.

A l'égard des différentes éfpèces de vol, nulle
part le châtiment n'eft proportionné au délit. Sou-

vent, pour avoir dérobé des haillons, un malhereux fubit une peine plus rigoureufe qu'un ufurpateur, pour avoir dépouillé l'héritier légitime, ou qu'un déprédateur, pour avoir ruiné l'état.

Prefque par tout on punit avec plus de févérité le vol que l'efcroquerie, & je ne fais fur quel fon-dement. A juger de ces crimes par les rifques où font expofés les biens des fujets, le premier eft beaucoup plus grave que le dernier, puifqu'ils eft beaucoup plus difficile de s'en défendre. A en ju-ger par le caractère des délinquans, il eft beaucoup plus grave encore : fouvent le vol n'eft pas prémé-dité, l'efcroquerie l'eft toujours. Un malheureux voit un objet qu'il eft tenté de s'approprier : combien il lui en coûte quelquefois pour confommer fon crime ! L'a-t-il confommé ! il en rougit l'in-ftant d'après, &, déchiré de rémords, il vou-droit pouvoir réparer fa faute. Au lieu que l'efcorc, parvenu à étouffer en lui tout fentiment de honte, fait fon unique étude des moyens de tromper les autres, & d'échapper au châtiment.

Mais, dit-on, le voleur profit des ténèbres, & met la vie en danger. S'il vient de nuit, ou qu'il employe la violence, on eft â fon égard dans le cas de la défenfe naturelle ; il fera licite de le tuer. D'ailleurs, il ne faut point confondre le fimple vol avec le vol aggravé par les circonftances.

Il réfulte de ce qui précède, qu'il eft indifpen-fable de bien diftinguer les différentes efpèces de vol, lorfqu'on veut décerner contre chacune la peine méritée.

Ainſi , pour ſimple vol , le délinquant ſera condamné à reſtituer, & envers l'Etat à une amende
double de l'équivalent.

Pour abus de confiance , diſtraction de deniers,
déni de dépôt, &c. , il ſera condamné à reſtitution,
& envers l'Etat à une amende triple de l'équivalent.

Pour eſcroquerie & filouterie , à reſtitution, &
envers l'État à une amende triple.

Pour vol avec effraction, à reſtitution, & envers
l'Etat, à une amende quadruple.

Pour vol domeſtique, à reſtitution, & envers
l'Etat, à une amende quintuple.

Pour vol de beſtiaux parqués, dévaſtation de
champs, vergers (1) & vignes, à reſtitution, &
envers l'Etat, à une amende quintuple.

Pour faux actes, à reſtitution, & envers l'Etat,
à une amende ſextuple.

Le délinquant ſera contraint par corps de ſatiſ-
faire à la loi.

S'il avoit reçu de l'éducation & qu'il fût riche,
la peine pécuniaire envers l'Etat ſeroit une fois
plus forte.

S'il n'a pas de bien , il ſera détenu dans une (2)

---

(1) Il ne faut pas envelopper ſous cette domination,
cueillir quelques fruits pour manger ſur les lieux.

(2) Il faut qu'il y ait dans chaque maiſon de force des
métiers qui ne demandent que des bras.

maifon de force, jufqu'à ce qu'il ait gagné de quoi s'acquitter. On fent affez que cette peine emporte celle de travailler, & de n'avoir pour fubfifter que le ftrict néceffaire. Mais comme la peine corporelle fe joint alors à la peine pécuniaire, pour rétablir l'équilibre, l'amende envers l'état fera réduite au quart.

En cas de récidive, comme le délinquant auroit perdu fans retour la confiance de la loi, il perdroit pour toujours fa liberté, à moins qu'il fût à peine arrivé à l'âge de raifon.

Du recèlement.

Si le recéleur a connoiffance du vol, il devient complice du voleur, & doit être puni comme tel (1).

S'il n'en a pas connoifface, il devient un inftrument innocent du délit; le punira-t-on de ce malheur! Si la loi le déclare coupable, où eft l'honnête marchand qui puiffe vivre en paix! — Mais s'il faut s'en rapporter aux recéleurs, qui d'entr'eux ne prétextera caufe d'ignorance! Voici ma réponfe. Toutes les fois que l'accufé pourra

---

(1) On ne cesse de répèter qu'un recéleur est plus coupable qu'un voleur, parce qu'il lui fournit les moyens de cacher ses crimes, et d'en tirer parti. Raison puérile, comme si l'objet du larcin ne pouvoit pas souvent être rendu méconnoissable : raison absurde, comme si le vol n'étoit pas commis avant qu'on songeât à la nécessité de le recéler.

prouver qu'il n'a point acheté clandestinement l'objet volé, qu'il n'a aucune connection avec les auteurs du délit qu'il n'a point encore essuyé d'accusation pareille, & que d'ailleurs sa conduite est irreprochable, qu'il soit absout.

De l'altération de marchandises.

Dans tout ce qui ne tient pas à la santé. vendre une marchandise altérée pour ce qu'elle se trouve, est un acte licite; c'est à l'acheteur à voir si elle lui convient. Mais altérer une marchandise à dessein de la vendre pour bonne, est un acte illicite, un abus de confiance qu'il faut punir.

Puisque les hommes ne sont mus que par leurs passions, tirer le châtiment de la passion même qui a fait violer la loi, est, sans contredit, le meilleur moyen de le contenir dans devoir. Tout homme qui a abusé de la confiance publique mérite de la perdre. Qu'il soit donc condamné à la restituer, & qu'on affiche, sur l'endroit de sa boutique ou de sa maison le plus en vue, un écriteau portant ces mots : ICI LE MARCHAND QUI TROMPE. Et afin que la peine ne soit pas éludée, qu'il soit condamné à ne point changer d'état tout le temps qu'elle devra durer, & qu'il soit mis dans l'impuissance de disposer de ses fonds, en déclarant nulle toute cession qui en seroit faite.

On sent bien que la durée de la peine doit être proportionnelle à la gravité du délit, & aux actes multipliés qui en seroient constatés.

Quant à l'altération des conmeftibles, ce crime eft du nombre de ceux qui attaquent la fûreté des citoyens.

De l'ufure.

Le prêt de l'argent, comme celui de tout autre chofe, doit avoir un prix, & ce prix doit être fixé par la loi : mais il importe que le taux foit modique, lorfque l'emprunteur eft folvable, afin que l'ufure ne s'établiffe pas.

L'ufure, cette convention entre le befoin & l'avarice, eft toujours un crime, dès qu'elle eft une infraction de la loi ; mais comment faut-il la punir ! Ceci demande diftinction. Lorfque le prêteur n'eft pas nanti, il hafarde fa fortune dans l'efpoir de l'augmenter : il met donc à une efpèce de loterie : dans ce cas, l'ufure ne peut être punie que comme jeu prohibé. Mais lorfque le prêteur eft nanti, l'ufure devient une efpèce de marché frauduleux, & il doit être puni comme tel.

Réprimer la foif de l'or par l'amour de l'or, eft le vrai moyen de profcrire ce vice. Dans le premier cas, le délinquant fera donc condamné à une amende envers l'état. Dans le fecond cas, il fera condamné à une amende plus forte, & à la perte des intérêts de fon argent.

Si l'ufurier traite avec un mineur, comme il prête plus à la perfonne qu'à la chofe, c'eft alors qu'il met un prix exhorbitant à fon or. Pour s'affurer des bonnes difpofitions de l'emprunteur, il a soin de ne lui fournir que peu à peu. Celui-ci est-il devenu majeur, pour le dépouiller plus sûrement, il l'engage par de fausses promesses à ratifier ses engagemens indiscrets, & parvient de la sorte à consacrer en un moment une longue suite de transactions frauduleuses. Que le délinquant soit donc condamné à perdre & intérêts, & capital.

L'usure traîne à sa suite tant de désordres, qu'elle fut toujours défendue dans les états bien ordonnés : mais on a beau faire des loix pour la proscrire, elle se maintient contr'elles. Le remède semble même augmenter le mal ; plus la loi est sévère, plus l'usurier cherche à s'indemniser des risques de la contravention; &, pour échapper au châtiment, contrats clandestins, actes simulés, ventes frauduleuses, tout est mis en usage.

Au lieu de chercher à remédier au mal, ne vaudroit-il pas mieux chercher à le prévenir ?

Quoique solvable, celui qui a besoin d'argent, n'en sauroit trouver à intérêt légal, si le remboursement doit être fort éloigné. Ainsi ceux qui seroient en état de venir à son secours, se prévalent de l'embarras où il se trouve, & comme il lui faut du comptant à quelque prix que ce soit, l'usure s'établit de toute nécessité. Or, le seul moyen de la prévenir seroit l'établissement d'un fonds public (1)

____

(1) Comme les institutions politiques ne sauroient s'élever à la sublimité des institutions religieuses, je ne proposerai point ici l'établissement d'un mont-de-piété semblable à

deftiné à prêter fur toute efpèce d'effets , à intérêt
ordinaire , & pour un temps limité : établiffement
fort différent de ceux de Londres , de Paris , d'Amf-
terdam , &c. ; où les loix autorifent des ufuriers
nantis à rançonner les malheureux que la mifère
force d'y avoir recours.

CINQUIEME SECTION.

Des crimes contre les mœurs.

L'ÉTAT a-t-il droit fur la chafteté de fes
membres ? Queftion ridicule qui ne peut être agitée
que chez une nation qui a ceffé d'être libre , & qui
a perdu fes mœurs. Ainfi , admettons fans balancer
ce droit-inconteftable (1) , puifqu'il ne peut que
contribuer au repos des familles , & favorifer la pro-
pagation , qui fait toujours la force des empires.

Mais qui ne voit que la loi contre l'incontinence
doit également lier les deux fexes , & que la peine

---

celui de Rome , établiffement vraiment pieux , où la charité publique vient au fecours de tout individu que les circonftances réduifent aux expédiens.

(1) Lorfqu'une nation a confervé le pouvoir légiflatif qui
lui appartient effentiellement , il eft clair qu'elle n'eft pas
moins libre de ftatuer fur ce qui concerne les mœurs , que
fur ce qui concerne les biens , les honneurs , les dignités,
la police , etc.

décernée contre les infracteurs doit être proportionnelle au délit : il n'en eft rien pourtant , & par-
tout le légiflateur femble avoir oublié la juftice ,
pour entrer dans les vues d'un fiècle corrompu.

C'eft une obfervation générale que les femmes
font plus difpofées à la tendreffe que les hommes ,
elles fentent plutôt le befoin d'aimer , & elles le
fent plus vivement. A ce penchant de la nature :
qui dans la fociété traîneroit à fa fuite de grands
défordres s'il reftoit fans frein , on tâche dès l'enfance d'oppofer la pudeur. Mais comme tout eft contradiction dans nos inftitutions politiques , les filles
reçoivent toujours dans le monde une éducation
oppofée à celle qu'elles ont reçue dans la maifon
paternelle. Que ne faifons-nous pas pour leur faire
oublier les leçons de la fageffe ! A peine font elles
en âge de nous entendre , que nous nous hâtons
d'exercer leur imagination : nous tournons toutes
leurs penfées vers la volupté ; & par mille agaceries,
nous cherchons à faire parler leurs fens. Leur jeune
cœur s'ouvre-t-il à l'amour ! Trop fouvent nous
avons la lâcheté d'abufer de leur foibleffe ; ou fi
elles échappent à nos artifices , ce n'eft que par la
vigilance de leurs mères.

Le temps de former un doux lien eft-il enfin
venu ? L'homme a tout l'avantage ; il choifit , la
femme ne peut que refufer , & combien de parens
infenfés facrifient à l'ambition le bonheur de leur
fille ! Guidés par une aveugle tendreffe , ils l'arrachent à un homme qu'elle eftime & chérit , pour la
contraindre de fe donner à un homme qu'elle mé-

prife & détefte. — Sont-ils unis ? Forcée de renoncer déformais à l'objet de fon cœur, elle devient incapable d'en aimer un autre, & ne voit plus pour elle qu'un malheureux avenir.

Plus heureufe que le grand nombre, a-t-elle échappé à la contrainte ? Son bouheur eft d'affez courte durée : aux careffes fuccède bientôt la froideur maritale ; au lieu d'un amant, elle a un maître qui s'arroge un empire tyrannique, néglige fes devoirs, rompt fa chaîne, & ne fe croit plus tenu à rien.

Inftruite de fes infidélités, veut-elle fe plaindre ? Il n'écoute point fes reproches, & fuit pour ne pas voir couler fes larmes. Laffée de fe plaindre envain de l'inconftant qui lui manque de foi ; fi elle imite fon exemple, il crie vengeance, & févit fans pitié. Qui le croiroit ! Loin de venir au fecours d'une foible opprimée, les loix fe joignent à fon cruel oppreffeur ; & pour une faute qu'il commet impunément, toujours elle perd fa réputation, fouvent fa liberté, quelque fois fa vie même. C'eft ainfi qu'en tous lieux le légiflateur a exercé la plus horrible(1) tyrannie contre le fexe qui a le plus befoin de protection.

Falloit-il qu'à tant d'outrages fe joignît la barbarie du préjugé ! A leurs pieds, tant qu'elles paroif-

---

(1) Cette tyrannie est si révoltant, que les magistrats eux-mêmes semblent s'en faire un jeu : tel venant de signer la condamnation d'une femme adultère, se met à écrire un billet doux à la femme qu'il cherche à corrompre.

fent ne rien fentir pour nous , nous les dédaignons dès qu'elles fe font montrées trop fenfibles ; & à la honte éternelle de notre fiècle , combien font flétries pour les mêmes foibleffes dont nous tirons vanité.

A côté du tableau d'une trompée , plaçons celui d'une fille féduite. Qu'à force de foins hypocrites un homme touche le cœur d'une jeune perfonne , & qu'à force de faux fermens il l'amème à fe rendre, que de peines amères va bientôt lui coûter un mo- ment de crédulité ! elle en pleurera toute la vie , & jamais fes larmes n'effaceront fon déshonneur.

Sa faute paroit-elle à découvert ? Le perfide l'a- bandonne : elle a beau s'attacher à lui , l'accufer de parjure , implorer fa pitié ; fourd à fes reproches , il fe rit de fes foupirs , & infulte à fes larmes.

Réclame-t-elle contre cet indigne traitement ? c'eft en vain qu'elle fait retentir les tribunaux de fes lamentations , les loix l'abandonnent. Que dis-je ! fouvent elles la puniffent de fon infortune ; tandis que le cruel, qui en eft l'auteur, refte impuni (1).

Du moins , fi elle trouvoit quelque reffource dans la pitié publique ; mais loin de prendre la dé-

---

(1) Quelquefois, il est vrai, on sévit contre un féducteur, lorsque la victime tient à une famille puissante : mais cette exception est un nouvel outrage à l'humanité ; car toutes choses d'ailleurs égales, jamais la perte de l'honneur n'est aussi cruelle pour une fille à qui restent encore les dons de la fortune, que pour une fille qui n'avoit que lui pour dot.

fenfe d'une fille indignement féduite , le monde fe
plaît à en publier la fragilité ; & tandis qu'on (2) la
hue , le lâche qui l'a trompée n'apperçoit aucune
différence dans l'accueil qu'on lui fait. S'il eſt riche ,
il continue à être fêté , & il n'en trouvera pas moins
à féduire d'autres filles , qui ont encore leur innocence.

Après avoir long-temps paſſé à pleurer fa faute ,
lui fut-il enfin permis de rentrer dans le monde ;
mais cette foible confolation lui eſt même refufée :
on la fuit , & fi elle eſt fans fortune , forcée de fe
cacher , fouvent il ne lui reſte pour vivre , que de fe
dévouer à la proſtitution.

Son fort lui paroît infupportable ; qu'il eſt doux ,
néanmoins , comparé à celui qui l'attend ! Malheureuſe victime ! bientôt fuyant la lumière importune
du jour , n'ofant fe montrer que de nuit , expofée
aux injures du tems au coin des rues , & haraſſée de
fatigue , elle fera réduite , pour avoir du pain , à
vendre les baifers de l'amour au premier venu ,
d'endurer fes dégoûtantes careſſes , de fouffrir fes
mauvais propos , fes brutallités , fes outrages ; & ,
comme fi ce n'étoit pas aſſez d'être la proie de cent
libertins crapuleux , elle fera encore livrée aux
tourmens d'une affreufe maladie , aux horreurs de

---

(2) Je sens bien que ces traits n'ont point d'applications
dans les grandes villes, dans les capitales sur-tout : mais
ils sont d'après nature dans les petites villes de pro-
vince, particulièrement dans les pays qui ont conservé quelques mœurs.

la pauvreté. — Mais il en eſt qui vivent au ſein des délices ! Pour une qu'on voit dans l'opulence, mille ſont expoſées à la plus affreuſe miſère, reléguées dans d'horribles réduits, couchées ſur des grabats, & en proie au beſoin.

A la vue de tant de piéges tendus ſous les pieds de la jeuneſſe, de tant d'appâts offerts à l'innocence, de tant de violences faites à la foibleſſe, quelle ame juſte n'excuſeroit les fautes d'un ſexe fragile, que nous avons aſſujetti aux plus rudes devoirs ; & à la vue du ſort affreux de tant de victimes de notre perfidie, quelle ame ſenſible ne ſeroit touchée de pitié !

Mais ce n'eſt pas la pitié, c'eſt l'indignation que je voudrois exciter dans les cœurs. Quoi ! la dupli- cité, la fourberie, l'hypocriſie, le menſonge, le parjure, ne feront point blâmables chez les hommes ; & chez les femmes la ſenſibilité, la crédulité, la foibleſſe feront à jamais flétriſſantes ! Au lieu d'être leurs ſoutiens, nous ne ſaurons que les tromper ; &, après en avoir été les vils corrupteurs, il nous ſera encore permis d'en être les lâches tyrans ! De quel droit nous jouons nous ainſi de leur fragilité ! De quel droit nous arrogeons-nous ſur elles une autorité tyrannique.

Nous les avons aſſujetties aux plus auſtères de- voirs : il le falloit, dit-on ; la débauche des femmes cauſeroit un affreux déſordre dans la ſociété ; comme ſi la débauche des hommes n'en cauſoit aucun ; comme ſi les hommes n'étoient pas toujours de moi- tié avec elles ; comme ſi l'impunité des hommes n'étoit pas le plus grand des désordres. Laiffons-là ces fottes maximes d'un fiècle corrompu : le préjugé qui les favorife eft honteux ; mais les loix qui les autorifent font atroces. Maudi foit à jamais leur inique empire, fi elles difpenfent un fexe d'être jufte ; fi elles lui donnent le droit de corrompre la vertu fans appui, & fi elles lui affurent l'odieux privilège de tyrannifer la foibleffe. Ofons réclamer ici contre leur partialité : après avoir fi long-temps fervi le crime, qu'elles protègent enfin l'innocence.

Sans doute, la débauche doit être punie dans les deux sexes, puifqu'elle trouble l'ordre de la fociété ; mais la punition doit être égale. Egale, ai-je dit ! je me trompe ; rarement la femme eft coupable (1), & rarement l'homme eft innocent : par lui commence toujours le débordement des sexes. Que de jolis corrupteurs, dont l'unique occupation eft de tendre des piéges à la vertu des femmes ! N'en fommes-nous pas tous logés-là ! Pour peu que nous ayons vécu dans le monde, nous nous piquons de galanterie, & telle eft la force de cette prétention ridicule, que nous en contons même à celles pour qui nous ne fentons rien. Non-contens d'intéreffer leur vanité, en louant l'éclat de leurs charmes, nous cherchons à faire naître le defir dans leur cœur. Si elles réfiftent, nous flattons leur orgueil, en leur reprochant leur cruauté ; nous remuons au fond de leur ame les plus fecrettes paffions ; & pour en tout obtenir,

____

(1) Je parle d'une femme qui n'a point encore donné dans le travers.

il n'eſt rien que nous ne mettions en jeu. Pour ne pas faire naufrage au milieu d'une mer ſemée de tans d'écueils, de quelle fermeté une jeune femme n'a t-elle donc pas beſoin ! Cependant combien réſiſtent !

Le débordement des ſexes commence toujours par l'homme, & jamais femme ne ſe rend qu'elle n'ait été ſéduite : un ſéducteur eſt donc plus coupable que l'infortunée qu'il déshonnore.

Comparez maintenant leurs mœurs, & vous le trouverez plus coupable encore. Pour faire réuſſir ſes deſſeins criminels, que de ſoins, de détours, d'artifices : ſans ceſſe occupé à cacher ſes vrais ſentimens, à ſe parer de ſentimens qu'il n'a point, il vit dans une hypocriſie continuelle. Ce n'eſt donc qu'aux dépens de la vérité, de la bonne foi, de l'honneur, qu'il parvient à ſéduire une femme (1) ! Encore n'eſt-ce là qu'une partie des crimes dont il ſe couvre. Faut-il ſacrifier ceux qui traverſent ſes projets ! il eſt prêt à tout. Que d'innocentes victimes immolées à ſa paſſion ! Comme il ne peut l'aſſouvir ſans rendre mépriſable la femme qui en eſt l'objet, il la déshonore, & ſouvent avec elle, un frère, un père, un époux. Qu'allègue-t-il pour excuſe ! l'ivreſſe des ſens : autant pourroit en dire un aſſaſſin. Mais que ce prétexte eſt frivole ! Celui qui laiſſe aux

____

(1) Diſtinguons avec ſoin une femme qu'on cherche à corrompre, d'une femme déjà corrompue : celle-ci emploie ſouvent mille ruſes pour ſe ſatisfaire ; celle-là ſe contente de réſiſter foiblement.

deſirs

defirs le loifir de s'enflammer, qui attend l'occafion
de les fatisfaire, qui travaille à écarter les obftacles
qui pourroient la faire manquer, & à lever les fcru-
pules capables d'arrêter fa victime, n'a-t-il donc pas
le temps d'écouter la voix du devoir, qui ne céffe
de lui reprocher fa lâche perfidie ! L'a-t-il enfin af-
fouvie, cette malheureufe paffion ! bientôt arrive
l'oubli de fes promeffes, le mépris de fes fermens ; &
comme fi c'étoit trop peu de l'abandon de tous fes
devoirs, il joint l'infulte à l'outrage, & fe rit de
l'infortunée qu'il a perdue, pour prix du facrifice
qu'elle lui a fait de fa vertu.

Mais de quoi eft-elle coupable, cette infortunée ?
D'un moment de foibleffe : difons même que chez
les femmes le libertinage vient prefque toujours de
la dure néceffité ; au lieu que chez les hommes il
vient toujours d'un penchant vicieux. Pour une prof-
tituée que fait la pareffe ou l'amour de la parure, la
faim en fait mille ; & qui ne fait qu'elles commencent toutes par être féduites ! Vu l'extrême inégalité
de fortunes parmi nous, le grand nombre, à la merci
du petit, ne trouve plus fa fubfiftance que dans la
fervitude. Qu'une jeune fille, chaffée des foyers pa-
ternels par la mifère, arrive dans une grande ville
pour y chercher maifon, fi elle eft jolie, elle ne
tarde pas à tomber entre les mains de ces miférables
directrices d'un péché qu'elles ne peuvent plus commettre elles-mêmes, toujours à l'affût de ce qui peut
augmenter leur infâme trafic. Bientôt arrêtée comme
fervante, elle eft conduite dans un lieu de débauche,
& livrée fans pitié à quelque vieux fatyre. Evite-

G

t-elle lors de sa descente à l'hôtellerie la funeste rencontre, elle ne tarde pas à la faire dans un de ces endroits où l'on rançonne les domestiques qui cherchent place (1) Moins novice ou plus heureuse, trouve-t-elle condition, le malheur qui la menaçoit n'est que différé ; il l'attend dans ce nouvel asyle, où maîtres & valets travailleront à la séduire : douces paroles, propos lascifs, chansons obscènes, promesses, présens, ruses, violences, tout est employé, & trop souvent avec succès. Résiste-t-elle ! elle n'est point victorieuse encore : exposée aux attaques de tous ceux qui s'emploient à fournir aux plaisirs voluptueux du riche, ce que n'ont pu faire de minces dons, l'offre d'un sort brillant le fait enfin ; l'insensée change d'état, & se voit presque toujours abandonnée au public après la perte de son honneur.

Qu'on ne croie pas que la beauté seule soit exposée à cet éceuil ; toute jeune fille qui se voit sur le pavé, sans secours, sans asyle, sans parens, sans amis, n'a d'autre ressource pour subsister que celle de s'abandonner aux lâches qui voudront tirer avantage de sa triste position.

Le libertinage fait horreur, & je ne cherche point à le justifier : toutefois, comme il est presque toujours forcé chez les femmes, le governement n'a pas droit de le punir, tant qu'il le laisse manquer du nécessaire ; moins encore a t-il droit de leur

---

(1) On sait que dans la plupart des grandes villes il y a des bureaux où les domestiques s'adressent pour être placés.

faire porter seules la peine d'une faute qu'elles ne font que partager. Mais une fois souftraites à la misère, & inftruites de leurs devoirs, des rifques qu'elles courent, des moyens de réfifter, fi elles fe devouoient à cet infâme état, elles deviendroient comptables à la juftice.

Le libertinage n'eft pas moins criminel fous de lambris dorés que fous le chaume : ainfi une femme qui oublie fa naiffance, fon éducation, fes devoirs, pour renoncer à la vertu, ne mérite pas plus de ménagemens. Mais c'eft fur les corrupteurs que doit fur tout s'apefantir la main de la juftice

J'ai infifté fort long-tems fur cet article, & il le falloit ; parcequ'il intéreffe la moitié du genre humain, parce que l'opinion publique qui le concerne eft monftrueufe ; parce que les loix qui y font relatives font barbares, & parce que leur injuftice paroît confacrée par les légiflateurs de toutes les nations policées (1).

Des corrupteurs.

Les moyens employés à corrompre les femmes peuvent être plus ou moins odieux, & les suites plus ou moins fâcheufe : il importe de bien diftinguer les cas, fi l'on veut proportionner la peine à l'offenfe.

---

(1) Faut-il s'en étonner ! D'où vient une si grande unanimité d'avis sur cette matière ? De ce que les hommes seuls ont fait des loix. Le moyen d'être impartials dans une cause où ils étoient juges et parties.

La claſſe des corrupteurs la plus nombreuſe eſt compoſée de ces hommes qui renoncent au mariage pour paſſer leur vie en intrigues avec des femmes mariées. Sans ceſſe à leurs pieds, ils les entretiennent des fades propos de la galanterie, ils tournent en ridicule la fidélité conjugale, exaltent l'union ſans liens, font profeſſion d'une flamme pure, ſollicitent du retour, & mettent tout en œuvre pour aſſouvir leurs deſirs : mais cet article rentre dans celui de l'adultère.

Une autre claſſe de corrupteurs, plus mépriſables encore, eſt compoſée de ces hommes qui font leur unique étude de débaucher les jeunes filles. Quelqu'objet a-t-il fixé leurs regards ! ils s'y attachent à l'inſtant, ſaiſiſſent toutes les occaſions de l'entretenir, & lui font leur cour. S'ils ont affaire à une novice crédule ; ils lui engagent leur foi, & ils anticipent ſur l'hymen. Ont-ils obtenu ce qu'ils déſirent ! ils plantent-là l'infortunée, & courent en déſhonorer une autre. Celle-ci eſt-elle moins facile ! s'ils ne peuvent toucher ſon cœur, ils s'étudient à corrompre ſon eſprit : à force de tourner en ridicule tout ce qui eſt ſacré, ils eſſayent de la faire rougir de ſes devoirs, puis ils s'efforcent d'enflammer ſon imagination par des lectures dangereuſes, des contes obſcènes, des peintures laſcives, enfin ils ne ceſſent de la pourſuivre qu'ils n'en n'ayent obtenu les dernières faveurs. Mais cet article rentre dans celui de la ſéduction.

Parmi les corrupteurs, on doit compter ces hommes épuiſés qui courent après la jéuneuſſe,

dans l'efpoir de réveiller en eux les reftes d'un tem-
pérement prefqu'éteint , ces vieux fatyres chez qui
tout defir devroit être amorti par les glaces de
l'âge (1) : mais cet article dans celui de la débauche.

Je n'ofe parler ici d'une quatrième claffe
d'hommes qui fervent d'écueil à la vertu des femmes ;
celle des vrais amans qui n'ont pu s'unir à leurs
maîtraiffe par le titre d'époux, qui déplorent l'injuftice du fort d'avoir remis en d'autres mains
le feul objet que l'amour, fembloit leur deftiner &
qui gémiffent de ne pouvoir accorder leur bonheur
avec les loix. S'ils réfiftent à leur flamme, quel hé-
roïfme ! S'ils fuccombent, plus malheureux que
coupables , je voudrois qu'on leur pardonnât ;
mais j'entends la voix du devoir murmurer contre
celle de nature. N'autorifons point la licence ; &
puifqu'il le faut pour maintenir l'orde établi dans
la fociété, condamnons un attachement que la nature & la raifon avouent. Cet article , comme le
premier, rentre dans celui de l'adultère.

De la féduction.

Nulle femme ne fera reçue à porter plainte
contre un féducteur , qu'elle ne foit vifiblement

---

(1) Les filles dont ils jouiffent , dira-t-on , étoient déjà corrompues. Soit ; mais quand ils ne feroient que profiter du
malheur de ces jeunes perfonnes pour achever de les perdre,
quelle criminelle pratique ! D'ailleurs , verroit-on des pour-

enceinte, Timides & modestes par éducation, les filles ne font point les avances. Quelque portées qu'elles soient aux plaisirs de l'amour, elles en craignent les suites, il faut donc les rassurer contre l'appréhension de la grossesse ; pour les engager à se rendre, il faut donc leur promettre de les épouser. Aussi mettent-elles rarement un prix à leur vertu, qu'elles n'y soient forcées par la faim ; mais, comme dans un état bien ordonné chacun a le nécessaire, la justice doit toujours voir un séducteur dans celui qui a entretenu commerce illicite avec une fille d'une réputation jusqu'alors intacte, or, le forcer de remplir ses promesses, c'est remettre les choses dans l'ordre (1).

---

voyeuses chercher à vendre des jeunes filles, si on ne voyoit des débauchés chercher à en acheter. Les maquerelles ne sont donc que des instrumens de corruption dont ils se servent.

(1) Je le sens à merveille, les loix qui font l'objet de ce chapitre ne sauroient convenir à une nation opulente et corrompue : il est même si difficile de lui en donner de bonnes, que ce point de législation sera toujours l'écueil de ceux qui voudront accorder la justice et les mœurs avec l'opinion et les convenances.

La nation, qui s'agite actuellement pour recouvrer sa liberté, doit bientôt s'occuper de la refonte du code criminel ; elle aura beau faire, si elle réussit à réformer quelques abus monstrueux, jamais elle ne parviendra à établir parmi nous le règne de la justice, si elle ne réussit à nous donner des mœurs, et à nous rendre gens de bien. Ne nous y méprenous pas sans la chasteté publique, il n'est point de réforme

Mais si une fille séduite trouve toujours un mari
dans un séducteur, celle qui n'ont point d'espoir

---

générale : or la dépravation de nos mœurs, suite nécessaire
du partage trop inégal des richesses, du luxe qui en est
l'effet, et des vices qui l'accompagnent, est à son comble.
Pour nous distinguer de tous les peuples qui ont dégénéré,
retournerons-nous aux mœurs simples et austères que nos aïeux
ont abandonnées depuis tant de siècles ? Renoncerons-nous
à la fortune, au luxe, aux plaisirs qui font l'objet de tous
nos vœux ? Quitterons-nons les parties de boudoir, qui font
nos plus doux passe-temps ? Et nos dames qui ne peuvent
plus exister sans intrigues, deviendront-elles des Lacédé-
moniennes ? Qu'on ne dise pas que la passion dés femmes
peut s'allier avec toutes les vertus qui font l'honnête homme ;
notre exemple est la preuve du contraire : chez nous les
maximes de la galanterie ont corrompu jusqu'aux principes
de la morale. Nous croyons tout permis pour tromper une
belle. Or, il est bien difficile que des hommes qui se font
un jeu du mensonge, du parjure, de la perfidie, de la trahison, soient de fort honnêtes gens entr'eux ; et il est bien
rare qu'ils ne mettent pas en pratique, dans le commerce
de la vie, les préceptes qu'ils suivent dans le commerce
de l'amour. L'opinion publique est même si commode,
qu'on ne rougit plus de rien ; pourvu qu'on ne soit pas pris
la main dans la poche d'un autre ; on peut être mauvais
fils, mauvais époux, mauvais père, mauvais citoyen, et
passer pour un galant homme. Dans les classes supérieures
de la société, combien, pour combler une maîtresse, ne
paient ni tailleur, ni boulanger, ni boucher, escroquent
leurs amis, et laissent femme et enfans dans la misère !
Et dans les classes inférieures, combien, pour donner aux

d'en trouver autrement, ne deviendront-elles pas entreprenantes? N'auront-elles pas recours à mille rufes pour ce faire dérober ce qu'elles brûlent d'accorder? Et le moyen propofé de remédier aux abus actuels, n'ouvrira-t-il pas la porte à d'autres abus tout auffi dangereux? — Je réponds que les nouveaux abus feroient moins funeftes à l'état, puifqu'ils favoriferoient la population, multiplie-roient les mariages, & diminueroient le nombre des corrupteurs célibataires : mais il y a manière de les prévenir. C'eft un fait que toute fille qui fe prodigue n'infpire que du dégoût à l'homme qui connoît un peu le monde ; ainfi elle ne féduira que des novices ou des fots. Si donc une majeure accufe de féduction un mineur au-deffous de vingt ans, ou un imbécile ; fur les preuves qu'elle aura fournies

---

publiques font devenus fripons, voleurs, brigands! Combien ont empoisonné leur père! Et, qui ignore que les maisons de ces malheureufes font des repaires des scélérats?

Graces au retour de la liberté, la révolution opérée dans nos idées, sera nécessairement suivie d'une révolution dans nos fentimens ; et lorfque nous ferons libres, nous aurons des mœurs. Comment prétendre que l'on respecte nos droits, si nous ne respectons ceux des autres? Déjà nous commen-cons de perdre le goût de l'oftentation, de la frivolité, des petites chofes. A la galanterie fuccède le véritable amour. Nos femmes devenues citoyennes deviendront plus fensées, plus folides, plus aimables ; le libertinage n'excitera plus que du mépris, et le bonheur renaîtra parmi nous. O doux fruits de la liberté! l'esclavage n'a que des vices, l'homme libre a des vertus.

de la fréquentation de l'accusé, & sur la déclaration juridique de paternité qu'elle fera pendant les douleurs de l'enfentement, qu'elle n'obtienne qu'une provision pour fraix de couches. Ainsi le cas de séduction à son égard suppose l'accusé majeur, & sensé.

Si la séduction peut être réputée avoir lieu, lorsque la plaignante est d'âge mûr : à plus forte raison lorsque la plaignante est fort jeune ; car tant que le jugement n'est pas formé, le cœur est sans défense. Le séducteur sera donc condamné d'époufer la fille qu'il a séduite. S'il venoit ensuite à se venger sur elle de la sévérité des loix ; d'après les preuves fournies des mauvais traitemens, le mariage seroit annullé (1), l'enfant resteroit à la charge du père, & sur ces biens on assigneroit à la mère une pension alimentaire. S'il n'avoit point de fortune, il seroit condamné à partager le produit de son travail avec la mère, & à donner valable caution. Au défaut de caution, il seroit renfermé dans une maison de travail, & la moitié de ses gains seroit envoyée à la mère.

Même loi, lorsque le séducteur est sensé & à-peu-près de même âge que la mineure séduite : mais s'il est très-borné d'entendement, la mère n'obtiendra qu'une provision pour fraix de couches.

Si une fille ne portoit pas plainte de séduction

____

(1) Cette loi ne peut convenir qu'à des peuples chez lesquels le mariage n'est qu'un contrat civil ; telles sont ceux pour qui l'auteur a composé ce plan de législation.

pour la première fois , elle seroit déboutée de toute espèce d'indamnisation : mais le séducteur seroit condamné à une amende au profit de l'hospice des enfans-trouvés.

On sent bien que ces loix ne concernent pas moins les veuves que les filles.

Telles sont les peines les plus naturelles à décerner contre les séducteurs.

En cas de récidive , tout propagateur furtif sera condamné à l'exil , & pour rendre leur punition utile à l'état , on les enverra peupler quelqu'isle déserte.

A l'égard des enfans nés d'union illicite , il est injuste qu'ils portent la peine des fautes de leurs parens : ils seront donc tous déclarés légitimes.

Le père est chargé par la loi du soin de ceux à qui il a donné la vie , jusqu'à ce qu'ils soient en état de pourvoir à leurs propres besoins. Mais comme la loi ne sauroit avoir confiance dans un homme à qui l'aspect de son enfant reprocheroit en secret son crime , à moins qu'il ne l'ait effacé par le mariage , on lèvera sur la fortune du délinquant de quoi donner à cet infortuné une éducation qui puisse le rendre plus vertueux que son père. Si le délinquant n'a point de fortune , l'enfant sera élevé à l'hospice public. Je ne dis rien ici du crime des filles qui dissimulent leur grossesse , & abandonnent ou détruisent leur fruit : crime contre lequel on a vainement promulgué tant de loix sanguinaires. La crainte d'avoir leur réputation flétrie , le desir de s'arracher au malheur, & l'embarras d'élever un enfant, ne les y porteront plus, dès que le père sera condamné à réparer le mal qu'il a fait. Lorsque des préjugés barbares portent au crime, c'est à de sages loix à détruire ces préjugés.

De l'adultère.

» Les loix politiques & civiles de tous les peuples, dit l'illustre Montesquieu, ont demandé des femmes un degré de continence & de retenue qu'elles n'exigent point des hommes ; parce que la violation de la pudeur suppose dans les femmes un renoncement à toutes les vertus ». J'avoue que parmi nous l'état de prostituée est toujours accompagné d'un affreux débordement de mœurs : mais je ne vois pas ce que la pudeur, cette honte virginale, si exaltée, a de commun avec la véracité, la bonne-foi, la candeur, la bénéficence, la clémence, la magnanimité. D'une autre part, un commerce illicite n'entraîne pas, nécessairement le renoncement à la pudeur, & on peut y renoncer dans un commerce licite. Enfin, comparer le caractère d'un vil séducteur à celui d'une femme séduite, & dites-nous quel est plus hideux. — » La femme, en violant les loix du mariage, sort de l'état de sa dépendance naturelle » : mais cette dépendance est-elle bien prouvée ? ne dérive-t-elle pas d'un prétendu droit du plus fort ? & ce prétendu droit n'est-il pas une violation de l'équité naturelle ? » La nature a marqué l'infidélité des femmes par des signes certains ». Quoi ! la facilité de cacher un crime, rendra ce crime licite ? Venons à la dernière raison alléguée en faveur de ces loix. » Les enfans adultérins de la femme font naturellement au mari , & à la charge du mari : au lieu que les enfans adultérins du mari ne font pas à la femme , ni à la charge de la femme ». Sans doute , dans ces pays où les enfans n'appartiennent pas à l'état , le père eft chargé de nourrir les fiens ; & parmi nous , la cérémonie du mariage fait feule connoître celui que la loi doit regarder comme tel : ainfi la peine de l'adultère feroit une fuite de celle du vol. Mais examinons la chofe dé près. Dans les claffes inférieures de la fociété , la femme , par fon travail , contribue ainfi que l'homme à l'entretien de la famille. Dans les claffes élevées , elle y contribue par fa fortune , ainfi que lui. Refte le cas où l'époufe n'a point apporté de dote : or , fi on voit des hommes riches prendre des femmes qui n'ont rien ; on voit de même des femmes riches prendre des hommes qui n'ont rien. Les enfans adultérins de la femme font à la charge du mari , foit : mais les enfans adultérins du mari , tant qu'il n'eft pas père dénaturé , ne font-ils pas à la charge de la femme , puifqu'il eft feul maître de la cómmunauté , dont il difpofe comme lui plait ?

Jufqu'ici tout eft égal entr'eux : il eft donc injufte que la loi ne féviffe que contre la femme adultère. » Il le falloit , dit on , les conféquences de l'incontinence des fexes n'étant pas les mêmes pour la fociété , la débauche des femmes jetteroit un affreux déforde dans la fucceffion des familles ». Je conçois comment la propriété des biens , par la difpofition des loix civiles , leur fait un devoir de la continence : mais je conçois auſſi comment elle doit nous en faire un de la même vertu ; car n'eſt-ce pas la même choſe pour la ſociété, que l'homme aille porter un héritier chez ſon voiſin, ou que la femme le reçoive chez elle.

Mais il y a des filles libres de ſe donner. Beau remède ! au lieu d'un léger tort fait à la bourſe du riche, nous faiſons un tort irréparable à ces infortunées : nous détruiſons ſans retour leur réputation, leur bien-être, le repos de leur vie. Que la plume éloquente qui a peint le malheur d'un père, n'oſant ſe livrer au doux plaiſir d'embraſer ſes enfans, peigne auſſi l'horrible état d'une fille ſéduite par nos artifices, flétrie par nos préjugés, abandonnée à ſes regrets, à ſes remords, à ſon déſespoir, et puis, que l'on compare ces tableaux.

C'eſt d'après des idées bien fauſſes & bien groſſières qu'on n'a décerné des peines que contre l'infidélité de la femme. Si le mariage n'eſt aux yeux du légiſlateur qu'un contrat de ſordide intérêt, il eſt bien autre choſe aux yeux de la raiſon. Pour les époux, c'eſt un contrat ſacré par lequel ils s'engagent mutuellement la foi, & mettent en commun leur fortune, leurs perſonnes, leur bonheur. Je n'examinerai point ſi l'amour peut durer toujours, & ſi les époux doivent reſter unis lorſqu'ils ne ſe conviennent plus : mais puiſque l'engagement eſt réciproque, l'un des conjoints ne ſauroit y manquer ſans dégager l'autre. Un mari qui manque à ſa femme n'a pas droit de ſe plaindre ; il la met dans le cas d'accepter d'un autre ce qu'il lui refuſe :

il lui fournit des armes contre lui-même, il devient complice de son propre déshonneur. Et vous prétendez qu'elle dévore tranquillement ses chagrins, qu'elle étouffe ses plaintes, qu'elle se défende tout desir, qu'elle se laisse consumer par ses chastes feux ! On voit peu d'heureux mariages, je le sais ; mais dans les plus mal assortis, presque toujours l'infidélité commence par l'époux, souvent même elle précède l'union

Il est constant que la plupart des filles ne sont guères déterminées au mariage que par des motifs étrangers à l'amour, tels que l'impatience de s'affranchir de la gêne où elles sont retenues, le desir de se faire un sort, l'envie d'effacer leurs compagnes : contentes de ces avantages si propres à flatter leur vanité, elles se font à leur nouvelle chaîne, & s'attachent ensuite à celui qui leur a fait connoître la première émotion des sens. Quant aux hommes, ils n'ont presque jamais en vue que la fortune. Sans égard au caractère de la femme qu'ils épousent, ils espèrent que sa dot leur fournira les moyens de rétablir leurs affaires délabrées ; d'avoir une bonne table, des chiens, des chevaux, des maîtresses ; de se procurer toute espèce de plaisirs, & de se plonger dans la volupté.

J'ai dit que l'infidélité au lit conjugal commence presque toujours par l'homme ; il est donc moins excusable que la femme qui vient ensuite à lui manquer de foi. Si l'on fait attention à l'extrême différence que la nature a mise dans la puissance des sexes, on trouvera qu'il est moins excusable encore.

Il devroit donc être puni plus févèrement. Ne prétendons pas toute-fois que les légiflateurs penfent affez noblement pour être impartials dans leur propre caufe ; relâchons-nous donc de ce droit rigide, & que la peine ftatuée par la loi contre l'adultère, foit égale pour les deux fexes.

Mais quelle doit être cette peine ? La plus naturelle paroît d'accorder le divorce aux conjoints, & d'obliger le feducteur d'époufer la femme infidelle : mais ceci demande diftinction.

Si la femme eft convaincue d'infidelité, on accordera le divorce au mari, & on obligera le féducteur d'époufer la repudiée, dont le trois quarts de la dot feront faifis au profit des enfans, au cas qu'il y en ait de fon lit : à leur défaut, un quart reftera au mari.

Si le féducteur étoit marié, & fi fon époufe refufoit de s'en féparer, ou s'il s'évadoit pour fe fouftraire à la juftice, le quart de fes biens feroit faifi au bénéfice de l'enfant à naître, en cas de groffeffe, à fon défaut au profit de l'afile des pauvres filles : & fur ce quart on affigneroit à la mère une penfion alimentaire. S'il n'avoit point de fortune, il feroit condamné à un baniffement perpétuel.

Si le mari eft convaincu d'infidélité, la femme obtiendra divorce & reftitution de fa dot. Si elle n'en n'a point apportée, on lui affignera une penfion alimentaire fur les trois quarts des biens propres du répudié, qui feront faifis au profit des enfans de fon lit ; puis on obligera l'infidèle d'époufer la femme féduite, au cas qu'elle foit libre, ou que fon mari confente à la répudier.

Des liaifons illicites.

Il importe que la loi prévienne tout ce qui peut rompre l'union conjugale. Si l'un des conjoints prenoit ombrage des liaifons qu'auroit formé l'autre, il auroit le droit de le rompre. Ainfi après avoir intimé défenfe aux interefsés de toute fréquentation ultérieure, en préfence de deux témoins irréprochables, la continuation feroit réputée criminelle, & les délinquans feroient condamnés à une cenfure publique, de même que ceux qui auroient favorifé leurs entrevues. En cas de récidive, ils feroient condamnés à un mois de prifon (1)

Mais crainte que ce droit ne ferve de prétexte à la mauvaife humeur ; & ne dégénère en licence, chaque conjoint fera tenu d'alléguer devant le chef de la police, de bonnes raifons de l'ombrage qu'il a conçu.

Du rapt.

Diftinguons bien ici le rapt qui a pour but de fatisfaire la volupté, d'avec celui qui a pour but de fatisfaire la cupidité, en époufant (2) une mineure

____

(1) Tout ceci doit paroître bien ridicule à des hommes corrompus : mais l'auteur n'a écrit que pour des peuples qui ont encore des mœurs.

(2) En ordonnant que la bénédiction nuptiale ne foit donnée qu'après la publication des bans, dans la paroiffe

sans

[103]

fans l'aveu ou contre le gré de fes parens. Celui-ci
eft toujours une fubornation préméditée pour
ufurper un bon parti : celui-là doit être confidéré
comme fimple féduction, à moins qu'il n'y ait violence, & alors il fera réputé viol.

Envifagé fous fes divers points de vue, le rapt
bouleverfe de plufieurs manières l'ordre public ;
toujours il déshonore une famille honnête, il y
porte le trouble, il la divife : fouvent il livre une
infortunée aux horreurs de la mifère, & toujours
il attaque l'autorité des parens, car il leur ravit un
enfant dont ils ont en quelque forte le droit de dif-
pofer, ou bien il les met dans l'impoffibilité de faire
ufage de ce droit. A confidérer les motifs qui portent
les hommes a ce crime, la juftice humaine devroit
le profcrire avec plus de rigueur dans le dernier cas
que dans le premier. Mais pour que la peine ne tende
pas moins à le prévenir qu'à le réparer, il importe
qu'elle foit tirée de la nature du délit. Un homme
qui pour fatisfaire fes defirs engage une mineure
à s'évader de la maifon paternelle, n'y parvient que
fous promeffe de mariage : il l'a donc trompée. S'il
eft libre, le feul moyen raifonable de le punir, eft
de le condamner à remplir fes engagemens : de quelque rang qu'il foit, qu'on l'oblige donc d'époufer
la jeune perfonne qu'il a déshonorée, & qu'il lave

---

des prétendus, et en préfence de quelques parens, la loi a
prévenu les mariages clandeftins et les mariages forcés ; je
le sais, mais l'enlèvement même ne contraint-il pas les
parens de confentir enfin à un mariage qui les défespère ?

H

ainſi la tache dont il l'a couverte. Humilié de ſes nœuds, s'il venoit à ſe venger ſur elle de la ſévérité des loix, on y pourvoira par les diſpoſitions indiquées à l'article *ſéduction*.

Mais ſi on autoriſe ces mariages, quel déſordre dans la ſociété ! Et que deviendra l'autorité des parens ? Je réponds que le mariage eſt le ſeul moyen raiſonnable de réparer le déſordre cauſé par le rapt. Quant à l'autorité des parens, il dépend d'eux qu'elle ſoit toujours reſpectée. Qu'ils s'appliquent à bien élever leurs enfans, et ils n'auront pas à craindre d'être déſobéis : au demeurant, c'est toujours leur faute ſi leurs enfans forment & entretiennent des liaiſons déplacées, ils ſont les maîtres d'arrêter un commerce qui leur déplait, & nulle intrigue ne ſe ſuit long-temps ſans être découverte. Enfin ſi, malgré leurs ſoins & leur vigilance, leur autorité avoit été mépriſée, ils ont en main le pouvoir de punir la déſobéiſſance par la diſpoſition de leurs biens.

Quant au rapt qui a pour but d'engager une mineure à contracter un mariage ſans l'attache ou le gré de ſes parens : voulez vous le proſcrire pour toujours ! faites que le coupable ne puiſſe jamais recueillir le fruit de ſon crime. Que le mariage ſoit donc déclaré nul à l'inſtant qu'il viendra d'être célébré, & qu'une partie des biens du mari ſoit ſaiſie au profit de la femme & de l'enfant, en cas de groſſeſſe. S'il n'a point de fortune, qu'il ſoit détenu dans une maiſon de force : qu'on l'oblige de travailler, & que la moitié de fon gain foit appliquée à la mère & à l'enfant.

Mais le coupable ne pourroit-il pas s'excufer fur la violence de fa paffion pour la fille qu'il a fubor-née ? Affurément ; il faut donc une règle pour s'af-furer fi le rapt a été fait dans la vue feule de capter un bon parti. Or , fi la mineure eft riche, fi elle a de grandes efpérances du côté de la fortune, & fi elle tient à une famille puiffante , tandis que le raviffeur n'a aucun de ces avantages , il ne fera point reçu à prétexter la violence de fes feux.

Du viol.

Prefque par-tout la peine en eft capitale , parce qu'on range ce crime parmi ceux qui attaquent la fûreté des citoyens.

Ne cherchons point à le pallier. Il eft très-grave, fans doute ; mais il l'eft plus ou moins , fuivant le prix que les femmes attachent à leur honneur : or fi quelques-unes le préfèrent à la vie , les autres ne font pas des Lucrèce. Il importe donc de commuer la peine de mort ; & d'après ce principe ; que la peine doit toujours tendre à réparer le délit, le raviffeur fera condamné à époufer celle qu'il a violée , s'ils ne font liés ni l'un ni l'autre ; mais s'ils font déjà liés , ou fi elle refufe de lui appar-tenir, il fera déclaré infâme , & on faifira la moitié de fes biens au profit de l'enfant , en cas de grof-feffe , & fur cette moitié on affignera à la mère une penfion alimentaire durant fa vie.

Si le délinquant n'a point de fortune, il sera détenu toute sa vie dans une maison de force, & la moitié du produit de son travail sera assignée à la mère & à l'enfant.

De la polygamie.

Crime atroce aux yeux de la religion, mais beaucoup moins grave aux yeux de la politique, Ecartons de l'idée de bigamie le parjure religieux qui en fait l'atrocité, & qui ne doit point entrer ici en considération. Tant qu'il reste à démontrer que le serment d'une fidélité éternelle n'est pas téméraire pour un être aussi inconstant que l'homme, ne pesons ce délit qu'à la balance de la justice humaine, & n'omettons aucune des circonstances qui tendent à l'exténuer ou à l'aggraver.

Un second mariage n'est pas simplement une infidélité injurieuse faite à la première femme, & un contrat scandaleux fait avec la seconde, mais un engagement consommé au préjudice des enfans du premier lit, seuls héritiers avoués par la loi, & au déshonneur des enfans du second lit, tant que la loi barbare qui les flétrit de bâtardise n'a pas eté révoquée. Telle est la bigamie présentée dans son jour le plus odieux.

Parmi les circonstances qui peuvent la pallier, sont l'insociabilité du caractère de la première femme, certaines maladies chroniques, ou certains défauts corporels qu'on auroit pris soin de cacher : dans ce cas, son mari en l'abandonnant n'auroit fait que

rompre un contrat où il se trouvoit lézé par super-
cherie.

S'il n'y avoit point d'enfans du premier lit, le
crime seroit alors très-léger.

S'il y avoit des enfans des deux lits, & que le
père eût assez de fortune pour leur faire un sort,
ou simplement les mettre en état de pourvoir eux-
mêmes à leurs besoins ; le crime seroit très-léger
encore ; car à la rigueur les parens ne doivent à leur
famille qu'une éducation conforme à leur état.

Le crime seroit plus léger encore si la première
femme se trouvoit hors d'âge d'avoir des enfans (1),
lors de la célébration du second mariage.

Enfin il seroit à-peu-près nul, s'il l'avoit épousée
vieille, & qu'il y eût été contraint par ses parens.

Quoi qu'il en soit, il importe également à l'état
que les institutions politiques ne détruisent pas les
institutions religieuses, & que l'impunité n'autorise

____

(1) C'est une étrange chose, que nos institutions civiles,
considérées sans préjugés.

Le but du mariage, aux yeux de la loi et de la religion,
est certainement de donner des enfans à l'Etat. Cela posé,
n'est-il pas absurde qu'il soit permis à des vieilles gens de
se marier, et plus encore à un jeune homme d'épouser une
vieille femme? Dans ces deux cas, le mariage ne peut
donc être qu'un contrat d'intérêt ou de convenance, même
dans ce pays où il est devenu sacrement. Tant il est vrai
que tout est inconséquence et contradiction dans la vie.

pas la licence : la polygamie doit donc être ré-
primée.

Dans le temps d'ignorance et de fanatisme , on
mettoit à mort un bigame , barbarie révoltante dont
on est généralement revenu : mais presque par-tout
on le punit par l'ignominie , en l'affublant de deux
quenouilles , et en le promenant sur un âne dans
les rues ; peine peu raisonnée , tant que le patient
n'expire pas de honte ; car en le faisant désormais
mépriser de ses femmes comme du public , elle le
rend incapable de bien vivre avec aucune , & de
gouverner sa maison.

Presque par-tout on a aussi coutume d'annuller
le second mariage , et de confirmer le premier ,
contrepied de ce qu'il faudroit faire ; car les raisons qui ont fait abandonner à un homme sa première femme subsistent encore , lorsqu'on l'oblige
de la reprendre ; & qu'attendre de cette réunion
forcée ! Nouvel abandon & fuite en pays étrangers
ou mauvais traitemens ; dissipation de fortune , libertinage , crapule & vie scandaleuse : telles sont
nécessairement les suites de cette disposition insensée
de la loi.

Si toute peine doit tendre & à réparer & à réprimer le crime , le meilleur moyen de punir un bigame
est de saisir la moitié de ses biens pour les enfans
du premier lit , & de le condamner , à défaut d'enfans , à faire une pension honnête à la première
femme. S'il n'a point de fortune , il lui assurera une
partie de son gain , & il donnera caution de bonne

conduite. S'il ne peut donner caution, il perdra sa liberté, & on le renfermera dans une maison de travail.

Au demeurant, cette peine ne doit tomber que sur le bigame criminel aux yeux de la raison. S'il avoit été contraint d'épouser la première femme contre son inclination, & qu'elle se trouvât alors hors d'âge d'avoir des enfans, qu'il soit absous. La crainte de voir un jour annuller leur ouvrage, rendra les parens plus circonspects dans l'établissement de leurs enfans, & servira de frein à l'abus de l'autorité paternelle.

De la prostitution & de la débauche.

La violation de la continence publique, délit qui vient plus de l'oubli de soi-même que de la perversité du cœur, devroit être puni par la honte, si on pouvoit encore la redouter quand on a renoncé à l'honneur. Mais la prostitution & la débauche, qui accompagnent presque toujours l'impudicité, sont la source d'un débordement de mœurs effroyable & d'une multitude de crimes. Or, une prostituée ne pouvant qu'abuser de sa liberté. la justice veut qu'elle la perde. (1) Tout homme qui hante

---

(1) On regarde les prostituées comme un moyen de soustraire les femmes honnêtes aux entreprises des débauchés. Je n'examinerai point s'il en faut dans un état, j'observerai simplement qu'on n'en voit que chez les nations corrompues, et cela seul suffit pour décider la question.

H 4.

de mauvais lieux doit porter la même peine. Ainſi qu'ils ſoient renfermés pour un terme de quelques mois dans une maiſon de correction, & qu'ils y vivent du produit de leurs mains. Remis en liberté, s'ils continuent le même train de vie, qu'ils ſoient enfermés pour un terme plus long.

Les débauchés & les proſtituées ſe pervertiſſent réciproquement ; mais il eſt une eſpèce de débauchés qui corrompent les filles honnêtes : tels ſont ces hommes uſés par l'âge ou le plaiſir, qui courent après les novices, dans l'eſpoir de réveiller en eux les reſtes d'un tempéramment presqu'éteint. Les nymphes dont ils jouiſſent, dira-t-on ſans doute, étoient déjà corrompues par les miſérables qui en font trafic. Soit ; mais à qui la faute ! Verroit-on des appareilleuſes chercher à vendre de jeunes filles, ſi on ne voyoit des débauchés chercher à en acheter ! En réparation de ces crimes, tout corrupteur de cette eſpèce ſera condamné à payer une penſion alimentaire à la jeune perſonne dont il aura abuſé, ſoit à la pourſuite de la jeune perſonne elle même, ſoit à la pourſuite de ſes parens.

Du maquerelage.

Qu'il eſt rare qu'une femme corrompue rentre dans les ſentiers de la ſageſſe. L'infâme état qu'elle a pris par miſère, elle le continue par néceſſité, tant qu'elle paroît conſerver un reſte de fraîcheur. Enfin, devenue le rebut des débauchés, elle ſe met à trafiquer de ces plaiſirs qu'elle ne peut plus donner elle-même. Ainſi, après avoir paſſé ſa jeuneſſe à ſe proſtituer, elle paſſe ſa vieilleſſe à corrompre les autres.

La vie d'une maquerelle eſt un tiſſu de crimes odieux. Furie infernale, apperçoit-elle quelque beauté, elle ne ſonge qu'aux moyens de l'attirer dans ſes filets. Et qui pourroit voir ſans horreur les artifices mis en uſage contre l'innocence ! Toujours à l'affut de ce qui peut augmenter ſon trafic honteux, elle attend à l'hôtellerie les jeunes campagnardes qui arrivent en ville pour y chercher maiſon. Si elles ſont jolies, elle les arrête comme ſervantes, & les conduit dans quelque mauvais lieu où elles ſont renfermées, juſqu'à ce qu'elles s'abandonnent au genre de vie qu'elle veut leur faire embraſſer.

A tant de noirceurs ajoutez les indignes ſoins employés à leur corrompre l'eſprit ; mais ne révélons pas à la lumière les ſales myſtères de ces ouvrières d'iniquité. Qu'il nous ſuffiſe de dire qu'entre leurs mains la jeune Agnès eſt portée à des indécences qui peu à peu banniſſent toute honte, & font ſuccéder à la pudeur l'impudicité la plus effrénée.

Après avoir endoctriné la novice, elles en donnent la deſcription à quelque débauché opulent. On demande une entrevue : elle ſe fait. La nymphe, expoſée à ſes regards dans la ſeule parure de ſa nature, répète en rougiſſant les indécentes leçons qu'elle a reçues de ſa matrone. Le vieux ſatyre s'extasie, & dans sa froide ivresse prend soin de parer la victime qu'un autre immolera bientôt. Enfin, au sortir des mains de cet amant ridicule, elle est livrée sans pitié à la brutale fureur des libertins crapuleux.

Telle est la méthode ordinaire par laquelle la beauté indigente est réduite aux horreurs de l'opprobre & de la misère, dans la plupart des grandes villes. Heureux peuples, qui ignorez encore ces infâmes pratiques, puissiez-vous ne les connoître jamais !

Si les femmes qu'une maquerelle veut débaucher sont au-dessus du besoin, elle tâche de faire connoissance avec quelque domestique affidé, elle s'informe de leur caractère pour mieux les prendre par leur foible ; puis elle s'insinue adroitement dans la maison sous différens prétextes (1). Si les portes sont fermées, elle va ailleurs conduire l'intrigue : dans les promenades, dans les endroits de divertissement, toujours elle se trouve sur leurs pas ; pour elle aucun lieu sacré, pas même le temple du Seigneur.

Celles qu'elle ne peut corrompre par des présens, elle essaie de les corrompre par le luxe, le faste, l'ambition. Elle fait entendre à chacune qu'un homme de marque soupire pour elle, qu'il est prêt à lui accorder tout ce qu'elle desire. On remet des billets supposés, on arrange des rendez-vous secrets,

____

(1) Le plus souvent comme revendeuse à la toilette.

où l'amant prétendu fe trouve remplacé par quelque riche débauché. . . . .

Quelle excufe pour tant de crimes ! Un féducteur peut du moins alléguer l'ivreffe de fa paffion ; mais quel autre motif qu'un fordide intérêt pourroit animer l'ame d'une maquerelle ?

Pour les pays où l'on n'a pas de mœurs, ces miférables reftent impunies ; & ce qu'il y a de plus odieux, c'eft des magiftrats de la police (1) eux-mêmes qu'elles achètent l'impunité.

Dans les pays moins corrompus, elles font en horreur, fans doute ; mais le châtiment qu'on leur inflige eft mal entendu. On les expofe au pilori, puis on les met en liberté. Eh ! que fait l'infàmie à des fronts qui ne favent plus rougir ! Non, ce n'eft point du carcan ou de la torche qu'on doit punir des ames endurcies au crime. Qu'elles perdent donc pour toujours la liberté dont elles ne peuvent plus faire qu'un funefte ufage. Pour prix des larmes qu'elles ont fait répandre, qu'elles ne connoiffent plus la joie un feul inftant de leur vie. Que privées de tout, elles fentent à leur tour le dur joug de la contrainte. Renfermées pour le refte de leurs jours dans une maifon de correction, &

____

(1) Il paffe pour conftant que la plupart des commiffaires de Paris vendent leur protection à ces miférables. Si le fait eft vrai, il mérite bien d'être dénoncé aux Etats-Généraux. Notice des Editeurs.

forcées au travail : que fur leur gain journalier, on leur accorde à peine de quoi fubfifter, & que le refte foit confacré à l'entretien de ces asyles (1) qu'elles ont rendu fi néceffaires.

Mais afin qu'aucune ne puiffe échapper, & que la race en foit enfin détruite, les parens, dont les filles ont difparu, auront droit de fouiller à toute heures les retraites de ces fcélérates, affiftés d'un fimple officier de police.

De la pédéraftie & de la beftialité.

La poffeffion d'une femme ne prévient pas toujours les defirs pour celle d'un autre : & fouvent leur trop facile jouiffance mène à fe paffer d'elles. De là cet amour déshonnête que la nature réprouve : crime révoltant, qui paroît ne devoir infpirer que de l'horreur !

Il en eft un néanmoins encore plus révoltant : & pourroit on le croire, fi l'expérience ne l'eût appris ! Quelquefois l'homme délaiffe fa compagne pour une brute. Heureufement ces crimes font peu communs, à moins qu'ils ne foient favorifés par certains ufages, & alors il faut bien fe garder de les tirer des ténèbres dont ils fe couvrent : févir contre certains crimes fort rares, c'eft toujours en faire naître l'idée.

____

(1) Je ne parle pas de ces maisons publiques où l'on doit élever les filles des pauvres citoyens.

Il me paroît d'ailleurs que c'eſt ſur de bien fauſſes idées que l'on s'eſt déterminé à les punir du plus affreux ſupplice. On redoute les ſuites d'un commerce monſtrueux ; hé ! comment ne voit-on pas que la nature oppoſe à la confuſion des genres des barrières inſurmontables ? Tout animal provenu d'accouplement hétérogène ne peut faire race. Que s'il faut néanmoins punir ces crimes, lorſqu'ils ſont connus, qu'on ſe rappelle que l'homme qui ſe mépriſe aſſez pour oublier la dignité de ſon eſpèce, doit être regardé comme un inſenſé, & ne mérite à cet égard que d'être condamné aux petites-maiſons.

Moyens de prévenir les crimes qui naiſſent du dérègle-
ment des mœurs.

Il eſt peu de crime qui ne traîne à ſa ſuite le débordement des deux ſexes ; mais, dans certains états, le mal eſt incurable, parce qu'il eſt dans le remède même. Oſons le dire, la dépravation des mœurs y commence preſque toujours par ceux qui ſont établis pour la réprimer.

A la vue de mille objets propres à enflammer les ſens & l'imagination, les deſirs naiſſent en foule ; ils s'irritent au ſein de la molleſſe, & rien ne coûte pour les ſatisfaire. Mais l'éclat de tout ce qui ſert aux plaiſirs d'un maître couronné cache en partie ce qu'ils ont d'odieux. Cette eſpèce d'hommes, d'ailleurs, n'ont pas aſſez de courage pour juger ſainement des choſes. L'appareil de la puiſſance en impoſe à la multitude ; & de quelque crime que le prince se couvre , la crainte des sujets devient bientôt le sophiste qui le justifie.

Un censeur austère ose-t-il cependant élever la voix , à l'instant une foule de vils flatteurs , toujours prêts à sacrifier le devoir à l'intérêt , s'étudient à donner de beaux (1) noms à des actions déshonorantes , pour ôter au crime tout ce qu'il a de révoltant.

Imitateurs du prince , les grands suivent son exemple ; le libertinage vient à la mode , il cesse enfin d'inspirer de l'aversion. Dès-lors , les saines idées des choses s'effacent , l'opinion publique s'altère , les préjugés s'établissent : en parlant du vice, on ne peint que le plaisir , un mari adultère est un homme galant ; une épouse infidèle est une femme tendre , & la fornication , le rapt , le viol , ne font plus que des larcins d'amour. Après avoir paré les vices , & jetté du ridicule sur les vertus , la fidélité conjugale passe pour duperie , la pudeur pour pruderie , & la chasteté n'est plus que la vertu des sots.

De la cour ces maximes passent à la ville, elles courent les cercles, on les répète sur le théâtre, au

____

(1) Donnez de beaux nommes à des actions infâmes , et vous leur ôtez tout ce qu'elles ont de révoltant. Telle femme eût frémi de porter le nom de prostituée , qui ne craint pas de porter celui d'entretenue : et tel homme eût rougi du nom de maquereau, qui se pare de celui du confident.

barreaux, dans les livres : & chacun en eſt infecté.
A meſuré que les maximes d'un monde corrompu
s'accréditent, la débauche fait de rapides progrès :
on ſe pique de galanterie, on veut abſolument paſſer
pour homme à bonnes fortunes ; en courant de belle
en belle, qu'on cherche à ſéduire, on foule au pied
tout ſentiment d'honnêteté, & on fait gloire de ce
dont il faudroit rougir.

Tout eſt perdu quand le vice eſt en honneur : car
quelle ame aſſez élevée préféreroit encore l'approbation de quelques ſages aux applaudiſſemens de la
multitude ! Ainſi, au milieu de tant d'écueils l'innocence ne peut ſe garantir du naufrage, & la vertu,
qui n'eſt plus ſoutenue de l'eſtime publique, eſt bannie de tous les cœurs.

Quel remède ! il n'en eſt point pour une nation
où l'exemple du prince entraîne les ſujets, & où
les ſujets ſont corrompus par le luxe. A l'égard des
peuples où ceux qui ſont conſtitués en puiſſance ne
ſont pas au-deſſus des loix, & où une partie des
citoyens ne nage pas dans l'opulence, cela eſt
différent.

Quand un penchant naturel relâche les liens de
la morale, c'eſt aux loix à les raffermir par la crainte
de la honte ou des châtimens : mais toujours elles
feront ſans effet, ſi elles ne ſont inflexibles.

Pour proſcrire le libertinage, c'eſt peu de ſévir
contre ceux qui s'y livrent ; il faut leur ôter les
occaſions de s'y livrer, en retirant de l'indigence

les femmes qu'elle réduit à mettre un prix à leur vertu. On établira donc dans chaque grande ville une hospice (1) où seront élevées les filles des pauvres citoyens (2) ; on y instruira leur enfance de choses les plus nécessaires, on leur apprendra à chacune quelque profession utile , & on leur fournira les moyens de s'établir.

Cette maison servira aussi d'asyle aux jeunes servantes ; congédiées : on les y occupera jusqu'à ce qu'elles ayent retrouvé place. Elle servira pareillement d'asyle aux jeunes personnes séduites qu'on retirera d'un mauvais train de vie.

Concluons. Soustraire à l'indigence les malheureuses réduites à se prostituer, arracher à la débauche celles qui s'y étoient dévouées, renfermer celles qui font métier de corrompre la jeunesse, ôter aux hommes l'envie de séduire les femmes, forcer les séducteurs à réparer leurs fautes par le mariage, réprimer les libertins par la crainte de l'infâmie ou de la perte de leur liberté, & bannir de la société

---

(1) Cet établissement coûteroit beaucoup moins à l'Etat que toutes ces maisons de paroisses, tous ces hôpitaux, qui ne servent guères qu'à enrichir du bien des pauvres ceux qui administrent. Mais comme des mains impures souillent tout ce qu'elles touchent ; pour que le fruit de cet établissement ne fût pas perdu, il faudroit en remettre la direction à des femmes riches et distinguées par leur piété, leurs vertus, leurs lumières.

(2) On pourroit établir dans cet hospice le bureau d'indication pour les bons domestiques.

les débauchés incorrigibles , c'eſt arracher au vice
ſes fauteurs , ſes ſuppôts , ſes victimes , c'eſt remettre les choſes dans l'ordre (1) , c'eſt rétablir
les bonnes mœurs.

Ainſi , en proſcrivant le libertinage , une foule de
crimes diſparoîtront de la ſociété , car une foule de
crimes naiſſent du libertinage. Pour donner aux
femmes publiques , combien ſont devenus brigands
aſſaſſins , empoiſonneurs , paricides ! Eh qui ignore
que les maiſons de ces malheureuſes ſont des repaires
de ſcélérats !

------

(1) L'état y gagnera doublement. La débauche eſt le
tombeau de la fécondité : par ſes excès elle ruine la génération préſente , et détruit les générations futures. On a
fait en divers pays des règlemens pour encourager la population ; celui-ci me paroît plus éficace : quel homme peut
ſoutenir l'idée d'avoir des enfans, s'il n'est persuadé de la
fidélité de ſa femme ? Je dis mieux il est infaillible ; car
dès qu'on ne pourra plus ſatisfaire ses desirs que légitimement , le mariage deviendra nécessaire ; et les préjugés
destructeurs qui en éloignent s'évanouiront.

1

SIXIEME SECTION.

Des crimes contre l'honneur.

De la medisance.

IL est peu d'ames assez élevées pour fuir le vice &
suivre la vertu sans redouter la censure ou rechercher
les applaudissemens. Mais si rien n'est plus rare que
de ce qu'on peut dire de lui, rien n'est plus commun que cette basse jalousie qui le porte à dénigrer
ceux qui fixent l'attention publique. Quelqu'un pa-
roît-il sur la scène avec éclat! aussi-tôt une foule
d'envieux se déchaînent contre lui, comme si l'admiration qu'il cause leur reprochoit leur peu de
mérite. Pour s'opposer au bruit de la renommée,
cette noble indifférence qui met l'homme au-dessus
avec quel acharnement ils travaillent à découvrir en
lui quelqu'imperfection propre à ravaler ses talens
& ses vertus! Avec quel artifice ils répandent leurs
malignes insinuations! Avec quelle joie ils s'applau-
dissent d'avoir obscurci sa gloire! Le publique lui-
même est beaucoup plus disposé à écouter des cri-
tiques que des éloges; il reçoit avec avidité les
écrits satyriques contre des personnages illustres,
& il goûte un plaisir secret à les voir humiliées.

Quoique les motifs qui portent à la médisance

foient toujours odieux , & que la médifance elle-
même foit toujours blâmable , peut être n'eft-il
pas d'un gouvernement fage de la réprimer : car telle
eft l'imperfection des inftitutions humaines , que les
maux qu'elle caufe aux particuliers ne font rien ,
comparés aux avantages que le public en retire.. »
Elle fert (dit un politique profond) à amufer la malignité générale , à diminuer l'envie , à confoler les
mécontens , à donner au peuple la patience de fouffrir , & à le faire rire de fes fouffrances ». N'allons
pas , fur de pareilles confidérations , juftifier le plaifir barbare d'affliger qui que ce foit : c'eft de confidérations bien plus relevées que la médifance tire
fon excufe.

Dans tout pays où la loi ne réprime pas les méchans conftitués en dignité , les princes qui tyran-
nifent leurs fujets , les magiftrats qui prévariquent ,
les prélats dont les mœurs font peu édifians ; il ne
refte pour les contenir un peu dans le devoir ,
que la criante de l'indignation publique. La médifance fert donc en quelque fort de frein à l'autorité
dont ils abufent ; & c'eft à ce titre , fur-tout , qu'elle
doit être tolérée. C'en eft fait de la liberté , fi la
peur parvient à fermer toutes les bouches. Ajou-
tons que dans tout ce dont les tribunaux ne peuvent
connoître , c'eft à elle à punir les vices : car ce n'eft
pas affez de ne rien dire de ceux qui ont démérité.

Mais pour que la médifance ne dégénère pas en
abus , qu'elle ne s'appuie que fur des faits , & des
faits dont on puiffe fournir la preuve : autrement ;
qu'elle foit réputée calomnie du moins à l'égard des
hommes privés.

De la calomnie.

Si les légiſlateurs font quelquefois d'une légère offenſe un crime énorme, ils font auſſi quelquefois d'un crime énorme une légère offenſe; telle eſt la calomnie.

Il y a cette différence entre la médiſance & la calomnie, que celle-ci eſt tiſſue de fauſſetés infâmantes, celle-là de vérités humiliantes : or , il importe que la loi ne les confonde pas ; l'une eſt le fléau des bons, l'autre eſt le frein des méchans.

La calomnie peut porter des coups plus ou moins cruels à ceux qui en font l'objet : elle peut ravir la gloire d'un héros, d'un bon magiſtrat, d'un génie bienfaiſant; ternir la réputation d'un homme de bien , ruiner le crédit d'un commerçant honnête , flétrir l'honneur d'une femme ſage ; & à ces différens égards , elle doit être d'autant plus ſévèrement punie , que le mal qu'elle a fait peut moins ſe réparer.

La gloire eſt la ſeule récompenſe d'un magiſtrat qui ſe conſacre au bien public, d'un héros qui ſe dévoue pour la patrie , d'un génie qui enrichit la ſociété de découvertes utiles. Je n'eſſaierai point de diminuer l'indignation que mérite quiconque cherche à la leur ravir ; mais je dis que cette récompenſe ne peut guères leur manquer : rarement les traits de l'envie arrivent-ils juſqu'à eux. D'ailleurs ; tout ce que la malignité débite contre une réputation fondée ſur le mérite, les talens, les vertus, n'eſt que rumeurs d'aſſez courte durée. S'ils dédaignent de s'abaiffer jufqu'à repouffer l'outrage : leurs fervices, leurs exploits ; leurs écrits refte pour les défendre ; & ces petits nuages élevés pour obfcurcir leur gloire finiffent par fe diffiper. Il y a mieux : comme ceux qui l'attaquent ne font que déceler le chagrin qu'elle leur caufe, ils trouvent prefque toujours leur châtiment dans leur propre crime (1).

L'homme de bien n'eft pas auffi expofé aux traits de la malignité que le grand homme : mais il n'eft pas de même au-deffus de leur atteinte. Sa réputation eft femblable à une fleur délicate que le moindre froiffement peut flétrir.

Rien de plus cher au monde que l'honneur : celui qui cherche à le bleffer eft donc plus cruel qu'un affaffin. Ne mefurons pourtant pas le châtiment fur l'idée que les ames fenfibles fe forment de cet outrage : mais fur les moyens qui reftent de le réparer. Si rien n'importe plus au bien de l'état que le refpect pour les loix ; il eft de l'intérêt public, fans doute, que l'honnête homme ne foit pas calomnié. Qui a ravi la réputation d'un autre, doit perdre la fienne : il faudroit donc toujours, contre calomnie, une pein flétriffante : mais comme la peine doit être correction-nelle, tant qu'il y a raifonnablement quelqu'efpoir de corriger le coupable, qu'il foit condamné la pre-mière fois à faire réparation, d'honneur à l'offenfé, la feconde fois à lui faire réparation, & à payer une

---

(1) Bien entendu que si la calomnie portoit sur les mœurs, le calomniateur seroit puni comme s'il eût attaqué tout autre citoyen.

I 3

amende applicable à quelque établiffement de charité ; la troifième fois , à être expofé quelques heures
au pilori.

Au refte, je ne parle ici que de diffamateurs de
deffein prémédité ; les autres méritent quelqu'indul-
gence : tels font ces hommes vains que le defir de
montrer de l'efprit porte à facrifier les réputations
les mieux établies : & tels font ces babillards indif-
crets , qui fans être animés par l'envie & le defir de
la vengeance , vont femant par-tout des propos dangereux. Les premiers feront condamnés à faire réparation ; les derniers à déclarer, en pleine cour de
de juftice que dans tout ce qui leur eft échappé , ils
n'ont point eu deffein de toucher à l'honneur de la
perfonne offenfée, & on leur enjoindra d'être plus
circonfpects à l'avenir.

S'il arrivoit que des perfonnes qui fe feroient
injuriées dans la chaleur d'une difpute, euffent porté
plainte , elles feront condamnées à fe faire des ex-
cufes réciproques , & à recevoir une réprimande du
juge.

Le négociant qu'on diffâme eft le plus malheureux des hommes ; car à la perte de fa réputation
fe joint toujours celle de fa fortune. Et à combien
peu de chofe tient fon crédit! Souvent un faux
bruit , une infinuation maligne , un mot dit à l'o-
reille fuffit pour le reduir à la mendicité. La nature
de l'offenfe indique la nature du châtiment : ainfi le
délinquant fera condamné , pour toute réparation ,
à indemnifer la perfonne outragée du tort que fes
calomnies peuvent lui avoir fait.

On se permet à l'égard des personnes du sexe un genre de calomnie qui n'est pas même défendu par la loi ; & c'est ici un nouvel exemple trop peu remarqué de la tyrannie que nous exerçons contr'elles. Nous voulons qu'elles aient des yeux pour ne rien voir, des oreilles pour ne rien entendre, un cœur pour ne rien sentir ; & non contens de cette cruelle contrainte où nous les retenons, nous faisons une étude de leur inspirer des desirs ; puis, pour mieux exercer leur sensibilité, nous nous efforçons d'exciter dans leur ame les plus vives agitations. Ont-elles un instant de foiblesse, bientôt nous leur en faisons un crime : tandis que nous tirons gloire des artifices que nous avons employés à les perdre.

Quelqu'odieux que soient ces procédés, il en est encore de plus odieux ; car pour flatter notre sotte vanité, ou nous venger de n'avoir pu toucher leur cœur, nous n'avons pas honte d'allarmer cette même pudeur qu'elles ont ont refusé de nous sacrifier, & nous nous faisons un jeu de les perdre de réputation. Combien se vantent d'avoir eu les dernières faveurs des femmes qu'ils n'ont jamais vues ! Aucune n'échappe à leur malignité, pas même celles dont le caractère sembloit devoir les mettre à couvert d'une pareille insulte : ainsi telle qui fait l'ornement de son sexe, se voit diffamée par des misérables qui font la honte du leur. Dans ce bas monde, la première récompense de la vertu des femmes est une bonne réputation : or s'il n'y a rien à gagner pour elles à être vertueuses, comment prétendre qu'elles le soient ! Il importe donc de décerner contre leurs

I 4

détracteurs la peine portée contre les calomnia-
teurs.

Si le délinquant alléguoit pour sa défense la
vérité du fait, & demandoit à être admis en preuve,
convaincu par son propre aveu, la peine seroit com-
muée en celle de séduction, au cas que la personne
outragée fut libre d'épouser le séducteur ; & en celle
d'adultère, au cas qu'elle fut mariée. Mais quoi, la
justice mettra-t-elle en évidence le déshonneur du
mari, & lui fera-t-elle un outrage plus sanglant que
le diffamateur ! Non, sans doute : punissez les libertins, & ce genre de diffamation n'existera plus. Quel
homme pourra se vanter d'une intrigue illicite, sans
se déclarer coupable ; & quel homme assez inconsi-
déré voudroit attirer sur sa tête le châtiment !

Au reste, tant que nos mœurs ne seront point
changées, en vain se flatteroit-on de parvenir à
réprimer la calomnie, même à l'aide des meilleurs
loix, trop souvent impuissantes pour contenir dans le
devoir des hommes corrompus. Avec un peu d'a-
dresse, ne parviennent-ils pas toujours à les éluder ;
& tels, sur qui le châtiment devroit s'appésantir,
font précisément ceux qui réussissent le mieux à s'y
dérober. Un homme sans éducation calomnie gros-
sièrement ; mais un homme du monde sait perdre
les autres sans se compromettre lui-même. Ira-t-il
bêtement nommer les choses par leur nom ! Point :
il se sert d'équivoques, de mots à double sens,
d'allégories, d'allusions. Mieux encore ; il connoît
certaines méthodes de calomnier, contre lesquelles
on n'a point de recours. Quelles ne font pas les

reſſources de l'envie , de la malignité ! Au lieu du ton de la ſatyre , il prend pour diffamer celui de l'intérêt : il parle des vices ſuppoſés d'un adverſaire qu'il veut perdre , comme s'il lui étoit attaché , & il divulgue ſes prétendues baſſeſſes , en paroiſſant déplorer les foibleſſes de l'humaine nature. S'il vous entretient des chûtes d'une femme qu'il n'a pu ſéduire , c'eſt en la plaignant d'avoir le cœur trop tendre : jamais il n'enfonce le poignard qu'avec l'air de careſſer. Enfin ſouvent le ſilence ſeul exprime plus de choſes que de longs diſcours : or tout cela eſt ſi équivoque qu'il n'eſt guères poſſible d'en former un corps de délit.

Il eſt vrai qu'à force d'être connus , ces traits malins retombent ſouvent ſans bleſſer ; mais telle eſt la fatalité attachée à la perte des mœurs , que c'eſt dans l'excès de notre dépravation même que nous trouvons le remède à notre perfidie.

Des libelles.

Les écrits diffâmatoires formeront un délit plus grave que les paroles injurieuſes ; car laiſſons toujours le temps de la réflexion , ils ne peuvent être enviſagés comme actes d'indiſcrétion ou de légèreté : la réparation d'honneur qu'ils exigent doit donc être plus exemplaire. Mais nulle ſatyre ne ſera réputée libelle , qu'autant que les imputations infamantes porteront à faux.

Des accuſations.

Dans un gouvernement libre tous les citoyens

font intéreffés au maintien des loix : il eft donc permis à chacun d'accufer un coupable. Mais s'il faut des loix pour réprimer le crime, il en faut pareillement pour protéger l'innocence : l'injufte accufateur doit donc être puni, & fon châtiment doit être tiré de l'efpèce du tort fait à l'accufé.

Du parjure.

Pour accufation malicieufement faite en juftice, le délinquant fera puni comme calomniateur, j'en dis autant des faux témoins.

SEPTIEME SECTION.

Des crimes contre la tranquillité publique.

ILS doivent être punis par la perte de cette même tranquillité dont ils privent les citoyens paifibles.

Ainfi, pour bacanal dans les rues & infultes faites aux paffans, le coupable fera condamné à vingt-quatre heures de détention dans une maifon de force, nourri au pain & à l'eau : correction très-propre à calmer des tapageurs, & à les faire rentrer dans l'ordre.

Pour vitres & lanternes brifées de nuit, fonnettes ou marteaux des portes arrachés, le coupable fera condamné à la réparation des dommages, & à huit jours de prifon.

[129]

S'il n'a point de fortune , outre l'emprifonne-
ment de huit jours , qu'il foit renfermé dans une
maifon de force jufqu'à ce que , par fon travail , il
ait gagné de quoi acquitter les dommages.

De l'ivrognerie.

Si certains climats demandent l'ufage des boiffons
fpiritueufes , aucun n'en demande l'excès : cet excès
doit donc être réprimé , vu les funeftes effets qui
en font trop fouvent la fuite.

Un homme qui par hafard fort des bornes de la
fobriété , ne doit pas être puni comme un homme
qui en fort journellement : encore parmi les ivro-
gnes de profeffion , faut-il bien diftinguer ceux que
la boiffon rend ftupides , de ceux qu'elle rend fu-
rieux : les premiers ne font de mal qu'à eux-mêmes
à cet égard , ils ne font point comptables à la juftice ; au lieu que les derniers font toujours plus ou
moins dangereux , tant qu'ils ne font pas privés de
leur liberté.

Mais comme il faut que le châtiment tende toujours à ramener le coupable , on le renfermera pendant huit jours dans une maifon de force , après
qu'il aura réparé les dommages.

A chaque récidive , on doublera le temps de la
détention.

HUITIEME SECTION.

Des crimes contre la religion.

IL eſt bon que la religion ſoit toujours liée au ſyſtême politique , parce qu'elle eſt un garant de plus de la conduite des hommes.

Il eſt bon auſſi qu'il n'y ait qu'une religion dans un état , parce que les membres en ſont beaucoup mieux unis ; mais lorſqu'il y en a pluſieurs , il faut les tolérer , tant qu'elles ne ſont point intolérantes elles-mêmes , tant qu'elles ne tendent point par leurs dogmes à détruire la ſociëté.

Quelle que ſoit la religion dominante de l'état , le légiſlateur n'a droit que d'engager les ſujets à s'y conformer , en favoriſant la profeſſion publique du culte extérieur , c'eſt-à-dire en préférant (à mérite égal) pour les emplois de confiance ceux qui la ſuivent.

Pour maintenir , défendre & propager la religion les prêtres ne doivent employer que la force de la perſuaſion ; que toujours ils ſoient des miniſtres de paix , jamais des miniſtres de guerre.

Les crimes contre la religion , qui troublent l'ordre de la ſociété , ſont du reſſort de la juſtice humaine ; les autres ſont du reſſort de la juſtite divine , « tout s'y paſſe entre Dieu & l'homme » : les re-

[131]

chercher feroit établir une forte d'inquifition fatale
à la liberté des citoyens, en armant contre eux le
zèle des fanatiques, ils feroient toujours en but aux
perfécutions ; la conduite la plus irréprochable, les
vertus les plus éminentes, ne pourroient les en
garantir.

Le châtiment des crimes contre la religion, qui
font du reffort de la juftice humaine, doit toujours
être tiré de la nature des chofes. Que les loix fe
gardent de vouloir venger le ciel ; car dès que cette
idée entre dans l'efprit du légiflateur, c'en eft fait
de l'équité ; combien d'échafauds dreffés pour des
malheureux qui avoient refufé de faire un figne de
croix ; combien de bûchers allumés contre des malheureux dont tout le crime étoit quelque fingula-
rité d'opinion, & combien d'autres fupplices barbares qui font frémir d'horreur !

De l'athéifme, des héréfies & du chifme.

Dans ce qui ne nuit point aux autres, chacun
eft maître de faire ce qu'il veut. Un des plus dignes
ufages que l'homme faffe de fa liberté, eft de s'ap-
pliquer à la recherche du vrai. Juger de tout par
foi-même, eft donc le droit inconteftable d'un être
raifonnable ; interdire certains objets à fa curiofité,
feroit prétendre le priver de fa raifon. Mais s'il
s'égare dans cette pénible recherche, il eft à plaindre, non à blâmer. Ainfi, en travaillant à rémonter
à la caufe des caufes, fi l'auteur lui échappe, plai-
gnez fon ignorance ; s'il vous parle de fes doutes,
herchez à l'éclairer.

Comment, s'écrie le fanatisme, ne pas croire en Dieu, est un crime atroce qu'il faut punir. Hé! de quoi, je vous prie, pourroit être coupable un homme de bonne-foi? l'infortuné n'est-il pas la première victime de son aveuglement! Sans consolation dans cette vie, il est sans espoir pour la vie à venir : comme il ne voit rien au-delà du tombeau, un abîme affreux s'ouvre sous ses pas, & il se perd sans retour dans l'éternelle nuit. Sans doute il est utile à l'état que ses membres croyent en Dieu ; mais il lui est plus utile encore que ses membres ne se persécutent point. D'ailleurs, lorsque l'athée ne fait parler que sa raison, que craignez-vous! Vous avez sur lui l'avantage d'un esprit éclairé, c'est à vous de le confondre.

Si l'athéisme n'est point un crime, quelle hérésie seroit un délit (1)!

Tant que l'athé ne fait que raisonner; qu'il vive en paix : mais au lieu de s'en tenir au ton ceptique, s'il déclame, s'il dogmatise, s'il cherche à faire des prosélites : dès ce moment devenu sectaire, il fait de sa liberté un usage dangereux, & il doit la perdre. Qu'il soit donc renfermé pour un temps limité dans une prison commode, & qu'il y soit entretenu à ses dépens.

---

(1) De la liberté laissée à chacun de servir Dieu à sa manière, résultera toujours ce bon effet que l'hérésie ne deviendra jamais chisme. Ce n'est qu'en persécutant ses fauteurs qu'on les force de faire secte, et à devenir redoutables à l'Etat. Le désespoir leur fournit des armes ; et s'ils ne sont écrasés, bientôt ils écraseront à leur tour.

Si telle doit être la punition de l'athée qui cherche à faire secte, aucun héréfiaque n'en mérite une plus grande.

Des facriléges fimples

Sous cette dénomination on comprend les profanations & les exécrations contre la religion.

Pour les punir, que la juftice humaine fe règle fur la divine.

Le coupable a offenfé Dieu, ufez-en envers lui comme Dieu même. S'il fe répent, il obtient miféricorde ; qu'il faffe donc publiquement pénitence pour le fcandale qu'il a caufé, & qu'il foit abfous. S'il récidive, qu'il foit privé des avantages que donne la religion ; qu'il foit expulfé de la fociété des fidèles ; & qu'il ne puiffe prétendre à aucune place de confiance.

Du blafphême.

Efpèce d'égarement qu'il faut auffi punir ; mais ce crime n'eft plus fouvent qu'un écart momentané, dont le foleil avant fon coucher éclaire le répentir, le châtiment ne doit pas être trop prolongé : trois jours de détention fuffifent pour punir un efprit égaré, & le faire entrer en lui-même. S'ils ne fuffifent pas, à chaque récidive, doublez toujours ce terme, & foyez fûrs que vous aurez rarement des coupales à punir.

De la magie.

Folle prétention que nos pères puniffoit du feu,

& qui ne doit exciter que le mépris , lorfqu'elle eft fans mauvais deffein : mais elle fert à faire des dupes , puniffez la fourbe.

Au refte, comme cette éfpèce de folie ne tend qu'à gâter les efprit , ceux qui font métier de magie ne doivent point être foufferts dans l'état ; qu'ils foient donc arrêtés & renfermés dans une maifon de travail. J'en dis autant des nécromanciens , des difeurs des bonne avanture , des joueurs de gobelets , & de tous ces jongleurs qui vivent au dépend de la fottife humaine.

Des délits qui troublent l'exercice de la religion.

Quand ils ne confiftent qu'en indécences , comme geftes , difcours bruyans , éclats de rire , il fuffit que le prêtre fufpende un inftant fes fonctions pour fixer les coupables. Si la rougeur ne couvre pas leurs fronts , & qu'ils récidivent ; qu'ils foient publiquement cenfurés par le magiftrat.

Des mauvais traitemens faits aux prêtres exerçant leurs fonctions.

Si , au manque de refpect pour les cérémonies religieufes , fe joignent des actes des violence ; pour expier le fcandale , le délinquant fera amende honorable à la porte d'une églife.

Du vol des chofes facrées.

La peine de ce crime doit être la même que celle du vol domeftique.

Des

Des écrits scandaleux

Les mœurs suffisent seules pour maintenir le bon ordre dans la société : mais lorsqu'elles manquent ou qu'elles sont corrompues, rien n'y supplée. En vain les loix fixent-elles le devoir, bientôt mille passions rendent le devoir pénible, & il faut des châtimens sévères pour y forcer les hommes : puis mille vicieux penchans rendent l'observation des loix impraticable, & il faut aggraver la peine de la désobéissance ; enfin les coupables se multiplient chaque jour, les crimes inondent l'état, & on n'est plus occupé qu'à punir.

Que penser de ces vils auteurs qui s'efforcent de pervertir le genre humain, & de réduire le vice en maximes ? Quelques soit le motif qui les détermine, sordide intérêt ou sotte vanité, toujours est-il vrai qu'encourager au crime est un crime digne de blâme. Mais peut-être seroit-il plus expédient de priver de la liberté ces écrivains méprisables, qui emploient à corrompre leur siècle, les petits talens que le ciel leur a départis, jusqu'à ce qu'ils se soient corrigés eux-mêmes.

Imprimeurs, libraires, colporteurs, en un mot tout homme qui contribue volontairement à propager la contagion ou le scandale, doit recevoir la même punition.

Des complices.

Quiconque aura, directement ou indirectement,

K

aïdé à commettre un crime, sans pouvoir justifier cause d'ignorance, sera réputé l'avoir commis.

Des cas imprévus.

La législation criminelle demande une étude approfondie : ses détails sont immenses ; & plus on étudies ce vaste sujet, plus il s'étend à nos yeux. Ainsi, en fixant le firmement, toujours on découvre quelqu'astre nouveau.

Il est des cas si singuliers, qu'il eût été comme impossible des les prévoir. Or, quand la loi n'a pas prononcé, le juge, qui n'en est que l'organe, doit garder le silence, & délinquant doit être absous : inconvénient très grave, j'en conviens, mais inévitable, si l'on veut bannir tout arbitraire des tribunaux & assurer la liberté publique.

Moyen de maintenir les loix en vigueur.

Quelque prévoyance qu'ait eu le législateur, bientôt les méchans trouvent le moyen d'éluder la loi. Y sont-ils parvenus ? pour la confirmer, la tempérer, la corriger, il en faut beaucoup d'autres : précautions inutiles ! Après avoir manqué le but, comment se flatter de l'atteindre en suivant la même route ? Les anciens abus continuent donc, il s'en établit de nouveaux ; chaque jour le nombre des infracteurs augmente : il faut punir, & ne faire que punir : si l'on se relâche quelques momens, la loi tombe dans le mépris.

Pour la faire refpecter , en vain a-t-on recours à des voies rigoureufes : en vain aggrave-t-on les châtimens. Rendez facile l'obéiffance aux loix ; ôtez les occafions de les violer , & elles feront obfervées. Or, on y parvient en établiffant une bonne police.

Profcrivez donc toute académie de jeu , tout tripot , tout lieu de débauche , repaire de malfaiteurs & de fcélérats.

Profcrivez auffi tous ces métiers (1) qu'entretient le defir d'une puiffance abfolue , que nourriffent les befoins de la prodigalité : métiers infâmes , uniquement propres à corrompre le cœur.

Ne fouffrez pas que les pauvres reftent oififs ; forcez-les au travail , & vous les rendrez gens de bien.

Après leur avoir fourni les moyens de travailler , & avoir proportionné le falaire à l'ouvrage (2) , fi quelqu'un refufe de s'occuper utilement , qu'il foit banni de l'état.

---

(1) Les espions, les délateurs, les usuriers, les prêteurs sur gages.

(2) A Paris, les ouvrières en linge, en modes, etc.... ne gagnent que 15 sols par jour. Sur un salaire aussi mesquin, comment veut-on qu'elles se nourrissent, s'entretiennent? Ne pouvant vivre honnêtement du produit de leur travail , elles sont donc réduites à donner dans le libertinage. On a fait dix fois à ce sujet de très-humbles représentations au parlement , et jamais il n'a daigné prendre en considération cet important objet.

Il ne fuffit pas d'ôter aux hommes les occafions de violer les loix, il faut leur en ôter jufqu'à l'envie, & on n'y réuffit, qu'en leur donnant des mœurs. Pour cela, il y auroit une excellente méthode; ce feroit d'établir un tribunal de cenfure, chargé de veiller fur la conduite des citoyens. Nous voilà infenfiblement ramenés aux inftitutions anciennes; & vainement voudroit-on s'en paffer. C'eft à l'établiffement des cenfeurs que Rome dut fes mœurs dans les beaux jours de la république. Heureux peuples, que le gouvernement n'eft pas habitué a corrompre, adoptez-le cet établiffement (1), fi vous voulez voir parmi vous le règne de la juftice: rendez-le facré comme les loix, & qu'il foit éternel comme elles.

------

(1) Un pareil établiffement ne peut convenir qu'à un très-petit Etat.

TROISIEME PARTIE.

De la nature & de la force des preuves & des préfomptions.

CE feroit peu d'avoir fait de bonnes loix, fi on ne les faifoit obferver : on ne les fait obferver qu'enpuniffant le crime ; mais avant de punir le crime, faut il convaincre le coupable.

Dans ces gouvernemens où la légiflation ne tend qu'à infpirer l'amour de la patrie, & où cet amour règne dans les cœurs, il n'eft point de délit privé. Comme tout s'y rapporte au bien public, perfonne n'y a d'autres intérêts que ceux de l'état, & chacun eft autorifé à les défendre : ainfi l'infraction des loix eft un attentat contre la fociété, dont tout citoyen doit demander juftice.

Mais dans ces gouvernemens où le mot patrie n'eft qu'un vain fon, dans ces gouvernemens où chacun s'ifole, où chacun préfère ouvertement fon intérêt particulier à l'intérêt général, & où chacun cherche à faire fon bonheur aux dépens de celui des autres ; la caufe publique n'eft plus l'affaire des particuliers, bien que la caufe des particuliers foit quelquefois l'affaire publique (1). C'eft le cas des gouvernemens actuels : tout délit s'y commet contre

____

(1) Cela arrive dans le feul cas du meurtre ; parce que le citoyen affaffiné eft un citoyen enlevé à l'Etat.

[140]

l'état ou contre fes membres. C'eft donc à la partie
offenfée (1) de le dénoncer & de le pourfuivre.

On nous donne comme une admirable inftitution
de certains légiflateurs , d'avoir déchargé les fujets
de ce foin , & de l'avoir commis à un officier public , fait pour s'employer fans chaleur , fans animo-
fité , fans paffion , à pourfuivre les crime.

On ne voit pas toutefois que chez les nations où
l'ufage contraire eft établi, il en réfulte aucun in-
convient : loin d'être toujours dirigé par le defir de
la vengeance , d'ouvrir la porte aux délations , &
de fufciter des haines implacables , comme on le
prétend ; chez ces nations chacun fent que la loi
doit avoir fon cours. Si l'accufé eft coupable , on le
punit : s'il eft innocent , on l'abfout. S'il a été dénoncé malicieufement ou légèrement, on lui accorde
des dommages : or , dès que la fentence eft rendue,
les parties font tranquilles. Voyez l'Angleterre , &
montrez-nous depuis un fiècle , dans cette grande
monarchie , un feul exemple de vengeance particulière qui ait réfulté de l'ufage qu'on nous repréfente
comme fi dangereux. On craint qu'il n'ouvre la porte
aux délateurs. Mais en difpenfant la partie intéreffée
à demander juftice , de dénoncer le délinquant,
qu'y gagne-t-on ! Toujours faut-il à ce vengeur
public au moins un dénonçiateur ; il faut enfuite
qu'il le devienne lui-même : voilà donc plfiueurs
dénonçiateurs au lieu d'un feul.

____

(1) L'Etat est toujours repréfenté par le miniftère public :
les fujets peuvent l'être par leurs proches.

Q'importe au reste, que la partie offensée pour-
suive le délinquant par desir de vengeance : est ce
à elle de prononcer l'arrêt de condamnation ! Chan-
gera-t-elle la peine qu'à décerné la loi ! Non sans
doute ; elle auroit beau faire retentir de ses clameurs
les tribunaux, jamais elle n'inspirera aux juges les
sentimens qui l'animent. Il n'en est pas ainsi de l'officier public qui la remplace : on connoît trop l'extrême influence qu'il a sur le jugement du tribunal
où il siége. D'ailleurs, est il bien vrai qu'il soit lui-
même sans passions ? Ayant toujours l'esprit frappé
des forfaits qu'on lui met sous les yeux, son zèle
pour les intérêts de la société qu'il doit défendre,
ne sauroit conserver long-temps un caractère de modération, & bientôt la haine qu'il porte aux crimes
retombe sur leurs auteurs. Voyez-le rassemblant
des preuves sur la tête des accusés : aux efforts
qu'il fait de les trouver coupables, vous diriez qu'il
demande une victime, ou qu'il craint qu'elle ne lui
échappe. Mais ce ne sont-là encore que des inconvéniens, dont la vertu personnifiée auroit peine à se
garantir. Que penser de ceux dont la fragilité humaine ne sauroit se défendre, & que n'ont point
apperçus les prôneurs de la sagesse prétendue de cette
institution ! Touchés de quelques avantages illu-
soires, ils nous disent avec assurance ; « L'homme
public veille pour les citoyens : il agit, & ils sont
tranquilles ». Fort bien : mais ne fera-t il point servir son ministère à ses propres vues ! Ne négligera-
t-il point la cause du foible pour favoriser celle du
puissant ! Seul dépositaire des droits de tant de
citoyens, ne trafiquera-t-il point de la justice ! Seul

miniſtre (1) de la vengeance publique , ne fera-t-il point des loix un inſtrument de fureur pour écraſer ſes propres ennemis ? Au milieu de tous ces moyens de prévariquer impunément, ſon intégrité ſe conſervera-t-elle toujours pure ! Réſiſtera-t-il toujours aux inſtances de l'amitié , aux offres de l'opulence, aux mouvemens de ſon propre cœur ?

Enfin quand cette inſtitution ſi vantée n'auroit d'autre inconvénient que celui d'être fatale à la liberté des ſujets , il ſuffiroit ſeul pour la proſcrire d'un ſage gouvernement.

Si c'eſt à la partie offenſée de dénoncer le délit , c'eſt à elle auſſi de pourſuivre le délinquant.

De la dénonciation.

Quelque crime a-t-il été commis : la première choſe à faire eſt d'en rendre plainte , de le circonſtancier & d'en déſigner l'auteur ou les auteurs, connus ou ſuſpectés.

La plainte doit être rendue par la partie offenſée , & pardevant le magiſtrat prépoſé pour la recevoir , au cas qu'elle ſoit fondée. Si l'auteur du délit eſt nommé , le dénonciateur s'engagera ſous caution à le pourſuivre. Par cette précaution , le ma-

---

(1) En France, il dépend des conseillers, chargés d'inspecter les prisons, d'en faire sortir les coupables, et combien ont été élargis pour de l'argent ! triste vérité que l'expérience n'a que trop souvent démontrée !

giftrat met la loi entre l'accufateur & l'accufé ; il s'affure que l'un n'eft pas animé par la haine, & empêche que l'autre ne foit diffamé par la calomnie.

De la recherche du coupable.

Le coupable une fois dénoncé, il s'agit de le trouver : c'ft l'affaire de la police.

Pour le découvrir, que jamais on ne propofe de récompenfe aux citoyens, ce feroit corrompre les mœurs : mais qu'il leur foit défendu de lui donner afyle.

Lorfqu'un criminel n'eft pas pris en flagrant délit, ordinairement on le découvre par les traces que laiffe le crime : il eft donc indifpenfable qu'il y ait un moyen prompt & facile de communiquer aux différens habitans d'un même lieu, & aux différens lieux d'un même état, les renfeignemens néceffaires fur l'objet du délit & la perfonne du délinquant : moyens qu'offre toujours une lettre circulaire.

Je n'ofe parler ici des moyens qu'on emploie pour découvrir les criminels dans les ténèbres où ils s'enfoncent et trouver les traces du délit : moyens odieux, dont ne peuvent fe paffer les gouvernemens de nos jours, & qui font bien fentir la fupériorité des inftitutions anciennes fur les inftitutions modernes. Il eft naturel de réclamer contre ceux qui nous ont fait outrage, & il eft beau de dénoncer par zèle pour la patrie ceux qui ont violé les loix : mais quoi

de plus cruel, de plus lâche, de plus vil que de
faire métier de pourchaſſer des malheureux échap-
pés à la vengeance publique, de leur tendre des
pièges ; d'employer à les perdre, ruſe, aſtuce, perfidie, trahiſon ; de violer leur dernier aſyle, & de
les livrer de ſang froid à toute eſpèce de tourmens,
ſans autre motif qu'un ſordide intérêt ! Telle eſt l'u-
nique occupation de ces bandes de délateurs & d'eſ-
pions que la police entretient à grands frais, qu'elle
corrompt & pervertit ſans ceſſe : bandes infâmes
d'où ſortent la plupart des ſcélérats qui infeſtent les
grandes villes, rempliſſent les cachots, couverent
les gibets : à force d'employer pour les autres mille
moyens de tromper, ils les emploient enfin pou
eux mêmes ; & après s'être abandonnés à tous les
vices, ils s'abandonnent à tous les crimes.

De la pourſuite des délinquans.

L'accuſé découvert, on l'arrête par autorité publique, & on le livre à un tribunal de juſtice pour
le juger. Reſte à le convaincre aux yeux de ſes
juges : c'eſt l'affaire de la patrie offenſée, car ſi c'eſt
à elle de dénoncer le délit ; c'eſt à elle auſſi de pourſuivre le délinquant.

De la compoſition & du pardon des crimes.

Quoique libre de diſpoſer de ſes propres droits,
la partie offenſée ne doit pas l'être de pardonner au
coupable ou de compoſer avec lui : car tirant par
une tranſaction particulière ſatisfaction a qu'elle eût

obtenu de la juſtice, ſi elle laiſſoit en liberté un criminel dangereux à la ſociété, elle ſe rendroit reſ-
ponſable de tous les maux qu'il viendroit à commettre : or, il en eſt d'irréparables.

Mais n'en fut-il point de tels. Après avoir réparé
le tort aux individus, le délinquant eſt quitte envers
eux, non envers la ſociété; il lui doit ſatisfaction
pour le mauvais exemple qu'il a donné. Ainſi l'action une fois intentée, le plaignant ne ſera plus le
maître de s'en déſiſter,

Si les ſujets ne ſont pas maîtres de compoſer,
le miniſtère public l'eſt beaucoup moins encore ;
parce qu'étant chargé de la défenſe de la ſociété,
il ne doit point diſpoſer de droits qui ne lui appartiennent à aucun titre.

De la procédure criminelle.

Elle a pour but la conviction du coupable ou la
décharge de l'innocent. Mais de q'uelle manière
y parveuir ! Commençons par dire de quelle manière on ne doit pas entreprendre d'y arriver.

Les loixs ne ſont pas moins faites pour protéger
l'innocence que pour punir le crime. Si elles per-
mettent d'accumuler ſur la tête d'un accuſé les
preuves du délit qu'on lui impute, elles doivent lui
laiſſer tous les moyens poſſibles de ſe défendre. Il
eſt donc abſurde de vouloir tirer d'un coupable la
confeſſion de ſon crime, & d'ériger cette confeſſion
en preuve contre lui. Ainſi, loin de nous ces moyens
barbares, employés pour arracher un aveu qu'on

n'a pas même droit d'exiger. Quand la question ne feroit pas un horrible genre de preuve, elle en est un contre nature, puisqu'elle blesse le principe de la défense naturelle.

Ce n'est pas pour faire preuve contre un coupable, nous dira-t-on, que le juge l'ordonne, c'est pour éclaircir ses doutes & tranquiliser sa conscience. Quoi ! dans l'incertitude où vous êtes si l'accusé est coupable, vous lui faites souffrir un supplice plus affreux que celui que vous lui infligeriez si vous étiez sûr qu'il n'est pas innocent ! Et pour savoir s'il mérite la mort, vous commencez par la lui donner mille fois. Juges barbares, de quel droit vous jouez-vous ainsi de l'humanité !

Mais quand vous l'auriez ce droit funeste, que penser d'un genre de preuves qui tourne contre sa fin ! Vous pretendez éclaircir vos doutes par des tourmens, comme si la douleur fût propre à arracher la vérité du malheureux qui souffre. Que de coupables toutefois ont résisté à cette atroce épreuve ! Que d'innocens y ont succombé ! Insensés, ouvrez les yeux sur vos pareils, & suivez leur exemple : combien, souillés du sang innocent qu'ils ont répandu, pleurent encore leur fatal aveuglement !

Oui, la raison se révolte contre cette pratique odieuse, & dans un siècle où l'on se pique de raison, se peut il qu'elle ne soit pas généralement proscrite !

Si on n'a pas droit d'exiger d'un coupable l'aveu

de fon crime : on n'a pas droit non plus d'en exiger réponfe aux queftions qui tendent à le charger. Il fuit
de-là que la procédure criminelle eft néceffairement
compofeé de deux genres de preuves oppofées, de
preuves pofitives produites par l'accufateur, & de
preuves négatives produites par l'accufé : or, de
leur comparaifon réfulte le degré de force que
doivent avoir les premieres , quelqu'évidentes
qu'elles paroiffent ifolées.

Suite du même fujet.

Ce n'eft point aux juges d'établir les preuves du
délit ; mais c'eft à eux d'examiner impartialement
celles qu'on leur préfente , & de prononcer fi elles
fuffifent pour déclarer coupable l'accufé. Ce n'eft
donc pas fur des connoiffances particulières qu'ils
pourroient avoir, moins encore fur des foupçons ,
qu'ils doivent fe décider contre le prévenu : tout ce
qu'ils ne favent point par l'accufateur ils doivent
l'ignorer, & tout ce qui n'eft pas juridiquement établi doit être nul à leurs yeux. Qu'ils ceffent donc
pour jamais de tendre des piéges à un accufé, de
chercher à l'embarraffer par des queftions captieufes,
de s'efforcer de le mettre en contradiction , & d'obtenir de lui, par de fauffes promeffes, l'aveu de fon
crime : foins étrangers à leurs fonctions , & indignes
de leur caractère. Faits pour tenir au moins la balance de juftice, ils ne doivent avoir en vue que le
triomphe de la vérité , & ils n'ont droit de le procurer que par des voies honnêtes, des moyens équi-
tables.

Suite du même sujet.

Quoique les juges n'ayent pas droit d'exiger d'un accusé l'aveu du crime qu'on lui impute, ils peuvent cependant recevoir contre lui cet aveu. Fait librement, il leve jusqu'au moindre doute, & il suffit pour passer sentence.

Autrement il faut convaincre le coupable. Les seuls moyens de le convaincre que la raison avoue, sont la preuve par témoins & la preuve par corps ou trace de délits.

Des témoins non-recevables.

Nul témoignage ne fait preuve qu'autant qu'il est vrai. Pour qu'il soit vrai aux yeux de la justice humaine, qui ne peut point scruter les cœurs, il faut qu'on n'ait aucune raison valide de suspecter le jugement & la véracité de celui qui le rend.

Ainsi, un âge trop tendre ou trop avancé, l'imbécillité, la démence, l'ivrognerie, une flétrissure juridique, l'habitude au mensonge, des mœurs incompatibles avec les sentimens d'honneur ou d'honnêteté, une liaison intime avec l'accusateur, une haine vouée à l'accusé, un intérêt quelconque à le perdre ou à le desservir, seront toujours des raisons valables de récuser un témoin.

Cependant, quoiqu'irréprochable en apparence, il se peut encore qu'un témoin ne soit pas recevable : mais pour cela il faut que son témoignage porte des marques de fauſſeté , comme inconſéquence , variation , contradiction , ou qu'il ſoit invalidé par des faits bien établis.

De la preuve par témoins.

» Un témoin qui affirme & un accuſé qui nie font partage , il faut tiers pour le décider ». Ainſi le témoignage poſitif, clair , uniforme , conſtant & non invalidé de deux perſonnes irrécuſables , qui jurent avoir vu l'accuſé conſommer le crime dont on le charge , ou l'avoir trouvé ſaiſi , ſoit de l'inſtrument , ſoit du corps du délit à l'inſtant même que le crime venoit d'être conſommé, fera preuve complette contre lui.

Si l'accuſé n'a pas été trouvé ſaiſi de l'inſtrument ou du corps de délit , immédiatement après la conſommation du crime ; la dépoſition des témoins n'étant plus que preuve indirecte , ne ſera jugée ſuffiſante qu'autant que la défenſe du prévenu ſeroit fondée ſur de fauſſes allégations , & que les circonſtances qui ont précédé la conſommation du crime le rendroient ſuſpect.

Lorſque le crime laiſſe pluſieurs traces , pour faire preuve complette , il n'eſt pas néceſſaire que tous les indices ſoient conſtatés par les mêmes témoins , ni que chaqe indice ſoit conſtaté par deux témoins : mais il faut que leurs dépoſitions faſſent un corps d'accuſation bien lié , & qu'elles ne ſe détruiſent dans aucune circonſtance eſſentielle.

Quoiqu'il faille toujours preuve complette pour

condamner l'accufé, & que la preuve foit jugée telle à des caractères requis, fon évidence néanmoins doit être proportionnelle à la gravité du crime ; plus il eft grave, plus elle doit être évidente ; & lorfqu'il eft capital, on ne fauroit trop la rendre irréfiftible.

De la preuve par corps de délit.

Lorfque le corps du délit eft conftant, & que l'accufé en a été trouvé faifi, s'il cherchoit à le cacher ; s'il ne peut juftifier, par des faites de la plus grande force, d'où il le tenoit, & fur-tout fi les faits qu'il aura allégués en juftification fe trouvent faux, il fera preuve très-forte contre lui.

Cette règle eft fi claire, fi précife, fi exacte, que ce feroit perdre le temps que d'en faire l'application à des exemples particuliers : mais il eft néceffaire de l'accompagner de deux obfervations générales.

Il importe que le corps du délit foit immédiatement conftaté par un grand nombre de témoins, & qu'il foit même rendu de notoriété publique, fi faire fe peut.

Il eft néanmoins des cas, tel que celui de faux, où la dépofition des témoins eft fuperflue. Comme l'accufateur fe trouve muni de l'acte fufpecté, il n'a qu'à le produire, la preuve du délit qu'il renferme deviendra complette, fi l'accufé avoue l'acte, ou fi prétextant qu'on le lui a arraché par la force, il n'a pas immédiatement réclamé contre cette violence.

De

De la preuve par traces de délit.

Ces traces peuvent être en très-grand nombre : mais il importe de n'admettre que celles qui ne font pas équivoques. Telles font, en fait de meurtre, l'arme dont l'aſſin ſe ſeroit ſervi, & qui appartiendroit à l'accuſé, des macules de ſang trouvées peu après ſur l'accuſé ou ſur ſes traces juſques dans ſa retraite, un lambeau de ſon vêtement, arraché par l'aſſailli, une marque ou bleſſure particulière que l'aſſailli lui auroit faite & qui l'auroit déſignée, le ſignalement précis qu'il en auroit donné.

S'il le connoiſſoit perſonnellement, & qu'il l'eût dénoncé avant d'expirer, cette dénonciation, jointe à quelques-unes des marques bien conſtatées, feroit preuve complette contre le prévenu.

Cas particuliers.

La nature de preuves doit être relative à la nature des délits.

Lorſqu'un crime peut rarement avoir des témoins, on admettra en preuve les circonſtances qui l'ont préparé, qui l'ont accompagné, & qui l'ont ſuivi. C'eſt le cas du commerce illicite des ſexes, preſque toujours enveloppé de l'ombre du myſtère.

Pour conſtater l'adultère, les loix anglaiſes exigent une preuve impoſſible à donner : je n'en parlerai point, crainte d'alarmer la pudeur. Mais pourquoi recourir à une preuve auſſi étrange ! Avoir ſurpris ſa femme couchée avec un homme,

L

ou fon mari couché avec une femme , fera jugé , preuve auffi complétte que fi on les avoit trouvés dans le bras l'un de l'autre.

A l'égard des liaifons illicites , un baifair donné et rendu , ou fimplement donné fans réfiftance , une entrevue fecrète , une lettre galante ; après la prohibition , fuffifent pour les conftater.

Nulle femme ne pourra rendre plainte de féduction , qu'en cas de groffeffe : mais la conformité de fa déclaration (1) , pendant les douleurs de l'enfantement ; avec les preuves fournies dans la plainte , feront preuve complète contre l'accufé.

La fimple évafion d'une mineure avec un majeur, fuffira pour conftater le rapt.

A l'égard du viol pour le conftater , il faut que l'outragée ait rendu plainte dès l'inftant qu'elle a été en liberté ; il faut qu'elle ait montré des marques de violence fur fon corps , & il faut qu'elle produife au moins un témoin qui dépofe avoir entendu des cris , ou furpris la plaignante fe débattant contre l'accufé.

Des préfomptions.

Les préfomptions font des raifons plus ou moins fortes qui difpofent à croire l'accufé coupable.

---

(1) Cette déclaration sera reçue par deux magistrats et un greffier. Dans la plainte, on établira les preuves de fréquentation ou de promesse de mariage.

Séules ; elles ne font jamais preuves : mais elles ajoutent beaucoup à la force des preuves , & elles portent quelquefois jufqu'à l'évidence celles qui, fans ce concours, paroîtroient incertaines.

Comme elles n'ont pas toutes même poids, voyons celui que chacune mérite : mais commençons par renger les objets fous leurs véritable points de vue.

Toutes les préfomptions qu'il eft poffible de faire valoir contre l'accufé, fe bornent à fon caractère moral, & à fes démarches fufpectes qui ont procédé ou fuivi le crime.

Quoique moins directe , la première devient la plus forte de toutes . fi l'accufé eft de mauvaifes mœurs, perdu de réputation , & fur-tout flétri par la juftice.

Au nombre des démarches fufpectes qui ont précédé le crime , on doit mettre celles qui femblent l'avoir préparé ; comme informations prifes fur la partie offenfée , allé & venues pour reconnoître les lieux , bruits répeudus pour infpirer de la fécurité , lettres fuppofées pour induire en erreur , prétextes controuvés pour écarter les furveillans , acquifitiou de chofes neceffaires fe traveftir , achat d'armes , poifon , de foporifères, etc.

Les démarches fufpectes après le crime fe bornent à la fuite & à l'évafion : la force de ces préfomptions eft abfolument relative à la nature des gouvernemens. Dans un pays où l'adminiftration de la juftice n'infpire que de la terreur ; dans un pays où l'innocent accusé est aussi-tôt livré à de cruels satellites, exposé à d'horribles tourmens, dans un pays où le citoyen sans appui est toujours long-temps à faire triompher son innocence, & où il perd ordinairement son honneur, s'il parvient à sauver sa vie; il est simple de se soustraire à un péril éminent, & d'éviter l'abîme où l'on pourroit être précipité.

Mais dans un pays où l'innocence est toujours en sûreté, où la foiblesse n'est jamais opprimée, où une vie sans reproche est une forte barrière contre la diffamation, où la calomnie retombe sur la tête du calomniateur, où la procédure criminelle ne jette point dans des longueurs cruelles, où une détention injuste obtient des dédommagemens, & où la loi n'est redoutable qu'au crime; chacun y porte ce sentiment de sécurité que donne la protection des loix. Ainsi, l'accusé n'ayant rien à craindre des secrètes machinations de ses ennemis, la fuite & l'evasion doivent inspirer contre lui un violent soupçon de coulpe.

Mais pour déterminer la force des présomptions, il faut les comparer aux preuves directes du fait, au quel elles se trouvent liées.

Ce seroit un ouvrage bien important que celui où l'on conbineroit une à une, épreuves & présomptions : matière trop ample pour être traitée dans un mémoire; donnons-en cependant quelques exemples appliqués à différens délits.

Deux témoins irréprochables qui déposeront pofitivement, clairement, uniformement & conftamment avoir vu l'accufé feul avec une perfonne peu de temps avant qu'elle fût affaffinée ; puis l'avoir vu fuire fans appeller (1) du fecours, feront preuve complette contre lui. S'il eft conftaté qu'il a eu auparavant quelque altercation avec elle, que les coups portés n'ont l'être par un fuicide, que l'arme avec laquelle meurtre a été commis appartient à l'accufé, ou qu'il en a été trouvé faifi ; à moins qu'il n'invalide leur témoignage par des faits de la plus grande force.

Si en fe débattant la perfonne affaillie avoit arraché quelque partie ou quelque lambeau de vêtement de l'affaffin : fi elle lui avoit fait quelque marque particulière qu'elle eût défignée avant d'expirer ; fi elle en eût donné quelque renfeignement précis ; ces faits affirmés par deux témoins irrécufables, & conftatés juridiquement feroient preuve complette contre lui, à moins qu'il ne produifit des faits juftificatifs de la plus grande force.

Si le meurtre fe trouve compliqué de vol, partie des effets de la perfonne affaffinée, dont la propriété feroit conftatées témoins irrécufablas, trouvée immédiatement après en la poffeffion de l'accufé

---

(1) Pour que cet indice ait force, on fent bien qu'il faut une loi qui ordonne à quiconque fe trouvera fortuitement feul, de jour ou de nuit, près d'une personne assassinée, y refte en appellant du fecours s'il apperçoit du monde, ou s'il n'en apperçoit point, aille répandre l'allarme dans l'endroit le plus voisin.

L 3

fera preuve complette contre lui s'il n'eſt pás d'un
caractère intaét, s'il ne peut donner des preuves
évidentes d'où ils tient ces effets , ou ſi celles qu'il
a données ſe trouvent fauſſes : enfin s'il a été vu
dans le temps & proche le lieu où s'eſt commis
le crime.

QUATRIÈME PARTIE.

De la manière d'acquérir & preuves & préfomptions durant l'inftruction de la procédure, de manière à ne bleffer ni la juftice ni la liberté, & à concilier la douceur avec la certitude des châtimens, & l'humanité avec la fûreté de la fociété civile.

Maxime générale.

Voulez-vous que le crime foit puni, l'innocence défeddue, l'umanité refpectée & la liberté affurée! rendez la juftice en public. C'eft loin des yeux du peuple qu'on employe tant d'odieux moyens de venir à la preuve des délits. C'eft dans l'obfcurité des cachots que d'inffâmes fatelites, traverftis en en malfaiteurs, tendent des pièges à un accufé, & cherchent à gagner fa confiance pour le trahir. C'eft dans les fombres reduits d'une prifon, que des magiftrats inhumains, oubliant la dignité de leurs fonctions, s'viliffent à celles de délateur, & employent à la perte des malheureux cette aftuce qui ne fait fcrupule de rien. C'eft dans un tribunal inacceffible qu'on voit des juges acharnés à la perte d'un innocent.

Jamais le peuple ne s'égare que fes chefs n'ayent pris foin de l'égarer. Même dans les fiècles les plus corrompus il aime la justice ; toujours il a pour but la vérité , & il veut qu'on n'y arrive que par des moyens honnêtes. QUE TOUT DELINQUANT SOIT DONC JUGÉ À LA FACE DU CIEL ET DE LA TERRE.

Mais ne nous en tenons pas à cette maxime générale : entrons dans l'examen particulier des ré glemens à observer dans l'admistration de la justice criminelle.

De l'emprisonnement.

S'il importe à la sûreté publique que le crime soit toujours puni, il importe à la liberté des individus que l'innocence soit toujours protégée. Ainsi pour avoir droit de s'assurer de la personne d'un accusé, de simples soupçons (1) ne suffisent pas, il faut de forts indices, à moins qu'il ne soit suspect ou sans aveu. C'est sur ces indices que le magistrat sera autorisé à ordonner l'incarcération.

Des formes judiciaires.

Si de forts indices suffisent pour s'assurer de la personne d'un accusé ; il faut pour condamner

______

(1) Il ne sera permis de déroger à cette loi que dans le cas de haute trahison, et lors seulement que le soin du salut de l'État ne sauroit souffrir les lenteurs de la procédure ordinaire. Mais immédiatement après s'être assuré des personnes suspectes, on les livrera à une cour de justice pour faire leur procès.

un coupable des preuves convaincantes ; ces preuves doivent être mises sous les yeux du juges : or, la manière de convaincre le coupable est l'objet de la procédure criminelle.

Il importe que l'instruction du procès soit assujettie à des formes fixes, précises, régulières ; afin de ne pas se conduir d'une manière arbitraire dans la chose du monde la plus grave. On ne sauroit donc donner trop d'atention à cette partie de la législation criminelle. Non-seulement il est indispensable d'en régler tous les actes, & la forme de chaque acte en particulier ; mais d'assurer l'observation de ces règles, en rendant nul tout ce qui seroit fait contr'elles.

Les formes judiciaires sont nécessaires à plus d'un égard. En forçant le juge d'aller pas-à-pas, elles le mettent en garde contre la légèrté des décisions. En fixant son esprit sur tous les points essentiels, elles le garantissent d'omissions funestes. Et par toutes ces précautions prises pour parvenir à la découverte du vrai, le législateur annoce combien il attache de pris à la liberté, à l'honneur, à la vie des hommes ; il se justifie aux yeux des criminels, en leur faisant sentir combien le jugement qui les condamne est réfléchi & impartial.

De la procédure criminelle.

Elle commence avec l'accusation : il est indispensable que la plainte de l'accusation soit déposée au greffe par le magistrat qu'il aura réçue, de même que la dépofition des témoins, qui auront été entendus immédiatement.

De la maniere d'acquérir les preuves du délit

Comment fuppléer aux enquêtes de la partie publique, & aux perquifitions des délateurs qu'elles emploie; pratique fi funefte aux mœurs & fi fatale à la liberté! Par de fages réglemens de police. Qu'on ait donc recours, pour la conviction des coupables, aux moyens employés pour leur direction. Ainfi, la loi fera un devoir de communiquer fa requifition à la partie offenfée ce qu'il peut connoître de relatif au délit. Au premier coup-d'œil ce devoir paroît fort dur, mais qui pourra s'y réfufer, lorfqu'il réfléchira que les foins, les peines, les embarras qu'il exige quelquefois, font le prix que chacun doit donner pour fa fûreté!

Au refte, il eft jufte que les témoins foient indemnifés de frais qu'ils feront obligés de faire, & de la perte de temps qu'ils fouffriront pour concourir à l'inftruction de la procédure. Il y aura donc un fonfds public à cet ufage, & ce fonds fera le produit d'une légère taxe impofée à tout citoyen. C'eft de ce fonds auffi que l'on tirera de quoi fubvenir aux dépenfes que requiert l'adminiftration de la juftice, car il importe qu'elle foit rendue gratuitement.

Du traitement des accufés durant leur détention.

Que de cruautés, de fcélératefles, de barbaries exercées contre les malheureux qui ont troublé

l'ordre public ! Sont-ils accufés d'un crime pu-
niffable ? A l'inftant la fociété femble rompre tous
les liens qui les attachent à elle, pour perdre à leur
égard jufqu'au moindre fentiment d'humanité. C'eft
peu de les avoir chargés de fers, on les jette dans
un affreux cachot, & on les livre fans pitié à la
merci d'un geolier, qui déploie contre eux toute
fa fureur. Abus odieux, qu'on ne fauroit trop tôt
réformer : car de quelque crime que ces malheureux foient coupables, on ne doit jamais violer la
juftice pour les punir, ni les punie au delà de la
peine portée par lesloxi.

Tant que l'accufé n'eft pas convaincu aux yeux
de fes juges, on n'a pas droit de le traiter en coupable. Sa détention n'a d'autre but que de s'affurer
de lui jufqu'à ce que le délit foit prouvé : car le
fupplice feul doit être la punition du crime. Ainfi
point de ces lourdes chaines qu'un avide geolier
peut échanger contre de plus légères. Point des ces
engins où l'on éprouve une torture continuelle.
Point de ces noirs cachots où l'on croupit dans la
pourriture.

Sans doute il faut ôter à un prifonnier tout ce
dont il pourroit fe faire une arme, tout ce dont il
pourroit abufer : que fa prifon foit forte, mais
faine ; & que fes fers l'empéchent de fuir, fans
l'accabler.

Une attention fingulière qu'il faut avoir dans
tout pays où l'on emprifonne pour dettes, c'eft de
ne jamais confondre les débiteurs infolvables avec
les malfaiteurs : la demeure du crime ne doit pas

être celle de l'infortuné. Qu'on se figure un instant l'horrible situation d'un honnête homme, qui, pour avoir été la dupe de quelqu'adroit fripon, se voit confiné avec des scélérats. A la vue de ses compagnons de captivité, le chagrin qui le dévoroit supend son amertume, l'indignation s'élève dans son ame, et y étouffe tout autre sentiment ; son cœur se serre de douleur, son sang se glace d'effroi, il recule d'épouvante : la nuit s'est passée dans le trouble et la rage, le jour ne renaît que pour éclairer son désepoir. Le temps qui calme les plus vifs chagrains, affoiblit à la longue l'horreur de sa situation. Rendu à lui-même, il considère combien est différent le sort des humains dans ce monde ; puis, livré à ses noirs réflexions, il maudit la triste inutilité de la vertu. Peu à peu tout sentiment d' honneur s'efface de son ame ; & s'il est enfin rendu à la société, soyez sûr que vous en avez un malhonnête homme, à moins que de douleur il n'ait perdu l'esprit. Voilà les suites trop ordinaires d'un simple manque de police.

Une autre attention singulière qu'il faut avoir, c'est de ne pas confondre le petits délinquans avec les grands criminels : les premiers peuvent être encore des sujet utiles, mais que deviendroient-ils par leur commerce avec des scélérats ?

Les petits délinquans ne doivent pas même être

____

(1) Jusques dans les fers le riche trouve la funeste influence de son or : c'est ainsi que le plus pesant fardeau de la société retombe toujours sur la tête des pauvres, que nous aurions tant de raisons d'épargner.

confondus les uns avec les autres , ils se corrom-
proient mutuellement.

Enfin une attention singulière qu'il faut avoir ,
c'est de ne pas confondre enssemble les grands criminels , sur-tout s'ils ont des complices.

Il importe donc que la prison de police , & à plus
forte raison la prison civile ne soit pas prison criminelle , & que dans celle-ci chaque prisonnier ait un
réduit à part. Mais dira-t-on , quelles immenses
prisons ne faudroit-il pas ! Vaine crainte ; en éta-
blissant les règlemens que j'ai recommandés ; les
prisons ordinaires se trouveront trop grandes encore ; à peine aurez-vous quelques coupables à punir.

La police de prisons ne doit pas être commise à
des geoliers. C'est à la loi de régler le traitement
des différens criminels : qu'un magistrat respectable
visite donc de temps en temps ces tristes demeures ,
qu'il reçoive les plaintes de malheureux qui y sont
renfermés , & qu'il fasse justice de leurs impitoyables
gardiens.

Suite du même sujet.

La loi ne peut condamner un accusé qu'après lui
avoir laissé les moyens de se défendre ; & comme
il ne doit être détenu en prison que le temps nécessaire pour constater sa coulpe ou son innocence ;
vingt-quatre heures après l'emprisonnement on lui
donnera copie de chefs d'accusation portés contre
lui , avec les noms de l'accusateur & des témoins ,
on laissera libre accès à ses parens , à ses amis , à ses

connoiffances, on lui donnera plume, encre, papier, & autres facilités, de préparer fa défeufe. Jufques dans les fers tous doit avertir l'homme qu'il eft libre, que perfonne ne peut l'oprimer, & qu'il doit n'a rien à craindre s'il n'a pas violé les loix.

Suite du même fujet.

Le riche, avec fon or, peut prefque toujours être perfide impunément. Sans fortune, fouvent l'innocence refte fous l'oppreffion. Pour prévenir ces abus, on établira dans chaque ville un avocat des pauvres, chargé de la défenfe des malheureux incapables de fe défendre eux mêmes.

Du tribunal criminel.

S'il faut des loix pour protéger l'innocence, il importe que le juge ne puiffe jamais devenir redoutable à l'accufé.

Ce feroit un abus bien révoltant que d'établir des commiffaires pour juges ; car toujours dévoués aux ordres du maître qui les nomme, ils ne confultent jamais que fes volontés.

Cet abus d'ailleurs ne pourroit que favorifer le defpotifme : quat l'innocence des citoyens n'eft pas affurée, leur liberté ne l'eft pas non plus.

Par la même raifon, ce feroit un abus bien révoltant que de faire reffortir du prince les tribunaux criminels : ils doivent donc en être tout à fait indépendans.

Suite du même sujet.

Si les lumières & les vertus feules donnoient droit aux charges de la magiftrature , il conviendroit fans doute qu'il y eût dans l'état des corps permanens chargés de punir l'inffraction des loix. Dieux tutelaires , on auroit tout à efpérer de leur fageffe , & rien à craindre de leurs paffions. Malheureufement ces charges font prefque toujours le partage de la naiffance, du crédit, de la brigue , fouvent même elles font le prix de l'argent : ceux qui les poffèdent fujets à toutes les imperfections de l'humaine nature Faifons voir qu'ils ont en propre bien des défauts

Quoique les juges ne faffent que connoître du crime, il importe qu'ils foient fans paffion dans l'exercice de leur charge , comme les légiflateurs qui abfolvent ou puniffent fans aimer ou haïr. Mais il eft bien prefque impoffible que des magiftrats avids ne prennent bientôt un certain efprit de corps : comment donc conferveroient-ils cet efprit de modé-ration lorfqu'il s'agira de venger quelqu'un de leurs collègues ! Comment feroient-ils juftice contre un de leurs membres , lorfqu'ils feront intéreffés par honneur à le refufer ! fi même l'accufé ne veut que recufer quelques membres de leur compagnie , comment ufera-t-il impunément de ce droit pré-cieux !

Lorfqu'un corps eft permanent , on fait toujours à qui s'adreffer pour le corrompre : inconvénient qui n'exifte plus dès que les juges ne font choifis que pour un cas particulier.

Un tribunal conftant eft plus rompu aux affaires

qu'un tribunal momentané, j'en conviens: mais
fi l'abitude de juger donne des connoiffaces, elle ne
difpofe pas à en faire bon ufage. A force d'avoir
fans ceffe fous les yeux la noire trame des crimes,
l'efprit fe révolte, naturel s'aigrit, peu-à-peu on
prend des hommes une idée finiftre; on fe previent
contre l'accufé, & bientôt on ne vent plus voir en
lui qu'un coupables. A force d'avoir des coupables
à punir, le cœur fe ferme à la pitié, il s'endourcit
fur les miferes de la condition humaine, il s'accoutume au fang. Ce malheur eft fans remède : dans le
cours d'une longue magiftrature on va au mal par
une penie infenfible, & l'on ne peut remonter au
bien par aucun effort. Ainfi le préjugé, l'endurcif-
fement, les mépris des droits de l'humanité, l'orgueil, l'intrigue, la cabale, la vénalité & cent
autres motifs odieux peuvent dicter arrêts des juges
à vie : ce qu'on n'a point à craindre des juges qui
ne le font que pour un jour.

Puis donc qu'il n'y a pas moyen de compter fur
la juftice d'un tribunal permanent, il en faut de
paffagers, encore cela ne fuffit-il pas. Dans les fiecles
les moins corrompus, combien peu individus ont
l'ame affez grande pour s'élever au-deffus des préjugés vulgaires, & regarder du même œil tous les
hommes. Quoique pétris du même limon, toujours
le riche méprifera l'indigent, & toujours l'indigent
enviera le riche : toujours le fort dédaignera le
foible, & toujours le foible déteftera le fort. Comment donc s'intéefferoient-ils les uns aux autres,
ou plutôt comment fe verroient-ils d'un œil impartial ?

Pour

Pour éviter toute crainte de partialité , & infpirer de la confiance dans l'équité du tribunal , il importe que chacun foit jugé par fes pairs ; & qu'on ne dife pas peu d'hommes font capables de remplir digne-ment les fonctions de juge. Qui ne voit qu'elles exigent plus de probité que de lumiere ? Et puifqu'el-les fe bornent à prononcer fur la réalité d'un fait prou-vé jufqu'à l'évidence , tout homme qui a le fens commun peut fiéger au criminel.

Suite du même fujet.

Souvent un fage voit mieux qu'un peuple entier ; mais à ne parler que des hommes ordinaires , plu-fieurs voient mieux qu'un feul. En difcutant un point ils s'éclairent mutuellement , & la vérité jaillit du choc des opinions.

Cependant , comme il faut concilier les intérêts des citoyens avec la fûreté de l'accufé , il convient de s'arrêter à un nombre déterminé de juges : or celui de douze paroît fuffifant. Ces douze juges feront préfidés par un magiftrat à vie , établi pour être l'organe de la loi : & ce magiftrat fera accompagné d'un greffier.

C'eft trop d'exiger que toutes les voix foient unanimes , même fur un fait très-évident. Les moyens employés en Angleterre pour obtenir cette unanimité , font bien voir qu'elle n'eft qu'apparente.

Un feul juré qui feroit vingt-quatre heures à l'épreuve de la faim , pourroit toujours ramener les autres à fon opinion , quelqu'abfurde qu'elle fût. Mais comme dans les affaires de grande importance , la décifion du tribunal doit paffer à une grande majorité, le jugement ne fera valide qu'autant qu'il réuira au moins les trois quarts des voix.

De l'expédition des caufes.

Si le tribunal criminel fiège continuellement; avant d'y faire comparoître les accufés, on leur accordera un certain terme pour préparer leur défenfe. S'il ne fiège que de temps en temps, ils feront tenus de préparer leurs défenfes d'une feffion à l'autre.

Dans le cas de féduction, la caufe commencée au moment de la plainte, ne pourra être terminée que fix femaines après l'accouchement.

Il en fera de même en cas de quelque grave maladie de l'accufé.

De l'inftruction du procès.

Elle ne fe fera qu'en plein tribunal. Immédiatement après que la caufe aura été appelée par le préfident, l'original de l'accufation du pourfuivant & de la dépofition des témoins fera mis devant lui par greffier.

Le detenu fera préfenté fans lien par le geolier, à un des bouts de la barre du tribunal; l'accufateur fera placé à l'autre bout, & les témoins de chaque partie pafferont dans des chambres féparées, dont la porte fermée fera gardée en dedans par un huiffier. Il leur fera enjoint le plus profond filence, crainte qu'ils ne puiffent fe concerter.

Tout étant difpofé de la forte, le préfident de, mandera à l'accufateur s'il connoît le prifonnier & ce qu'il a à dire contre lui. L'accufateur fera tenu de répondre clairement, pofitivement, cathégoriquement. Dès que ses réponses seront écrites par le greffier, le président demandera les preuves du crime imputé, & l'accusateur sera tenu de les donner par ordre, se bornant uniquement aux faits (1). Lorsqu'elles seront écrites, le greffier en fera lecture à haute voix, & le président demandera à l'accusateur si ce qu'il vient d'entendre est bien ce qu'il a voulu dire. Alors le poursuivant sera maître d'altérer ou d'ajouter ce qu'il jugera à propos ; on lui en fera une seconde lecture, & il sera obligé de s'y tenir & de la signer.

Cela fait, le greffier lira l'accusation faite à l'audience, & le président la comparera avec l'accusation contenue dans la plainte. Si ces accusations étoient contradictoires sur quelque fait essentiel, ou si elles varioient essentiellement, la plainte tomberoit & l'accusé seroit absou.

Mais si elles ne varioient que sur quelqu'addition à la dernière, la plainte auroit toute sa force.

Ensuite le greffier relira successivement le chefs d'accusation au président, qui demandera que les preuves soient produites dans le même ordre.

Les témoins du côté de l'accusateur seront donc entendus, mais séparément. A mesure que l'un d'eux sera présenté à l'audience, le président lui fera prêter serment de dire la vérité, & lui demen-

---

(1) L'éloquence est une belle chose, mais elle doit être bannie du tribunal de la justice. En inspirant aux juges la haine, la pitié, la clémence ; en flattant leur vanité, leur orgueil ; en remuant au fond de leur cœur le plus secrètes passions, combien de fois n'a-t-elle pas corrompu leur jugement, et armé leur bras contre l'innocent en faveur du coupable.

dera enfuite s'il a quelque chofe à dépofer contre lui. Après l'avoir confidéré, le témoin fera tenu de répondre cathégoriquement, par l'affirmative ou la négative. Si la réponfe eft négative ou douteufe, il fera rejetté : fi elle eft affirmative, le préfident demandera au détenu fes raifons de récufation de ce témoin : s'il en donne de valides, le témoin fera rejetté : s'il n'en donne point, ou qu'il en donne de mauvaifes (1), le témoin fera admis.

Admis en témoignage, le préfident lui fera des queftions relatives à l'accufation du pourfuivant. Elles porteront fur l'année, le mois, le jour, l'heure, le lieu où a été commis le délit, fur la nature & les circonftances du délit, fur la perfonne & le vêtement du délinquant lors de la confommation du délit.

Lorfque demandes & réponfes auront été écrites par le greffier, le détenu produira fes faits juftificatifs, s'il en a ; puis il fera au témoin des queftions propres à mettre en évidence la fauffeté de la dépofition, fi elle n'étoit pas conforme à la vérité : bien entendu que l'accufateur feroit admis à récufer les témoins de l'accufé, s'il avoit de fon côté quelque raifon valide de récufation. Les queftions du détenu les réponfes du témoin feront écrites par le greffier. Au cas que le détenu, pour gagner du temps, s'écartât du fujet, le préfident auroit foin de l'y ramener.

---

(1) Comme les raifons de récusation sont fixées par la loi, et qu'elles ne sont admissibles qu'autant qu'elles sont réelles, le tribunal jugera sur-le-champ de celles du prévenu, à la réquisition du préfident.

Ce qui vient d'être obfervé dans l'examen d'un témoin , le fera dans l'examen des autres.

Toutes les parties entendues, on comparera la dépofition de chaque témoin faite à l'audience, avec fa dépofition faite devant le magiftrat qui a reçu la plainte, de la même manière qu'on aura comparé les dénonciations de l'accufateur. Celles qui fe trouveront contradictoires, ou qui varieront effentiellement, feront rejettées. Quant aux autres, on comparera entr'elles celles de chaque témoin : & fi elles fe trouvent contradictoires fur le fond ou les circonftances effentielles du délit, elles feront auffi rejettées. Mais fi elles font uniformes, elles fubiront un troifième examen : on les comparera avec les faits juftificatifs de l'accufé, & on n'admettra en preuve que celles qui n'auront pas été détruites ou infirmées.

Ainfi, dans le cours de la procédure, on commencera par vérifier l'accufation ; enfuite, on écartera les dépofitions fauffes ou fufpectes, puis on raffemblera les dépofitions vraies qui formeront le corps de preuves. Alors le préfident fera aux juges le réfumé de ces preuves, il leur en montrera le fort & le foible, & fur ce réfumé les juges prononceront.

Mais comme les preuves peuvent être illufoires, infuffifantes ou nulles : « coupable, non convaincu, ou innocence », fera la formule conftante des jugemens.

De l'exécution des arrêts.

Faut-il revifer le procès, lorfqu'on ne prononce que fur un fait ! Cela pèut être quelquefois neceffaire : mais si les juges avoient donné à gauche, ce seroit au public présent à en appeller.

Conclusion.

S'il importe à la sûreté publique de s'assurer de la personne d'un innocent violemment suspecté, il n'importe pas moins à la liberté publique d'expier envers lui ce qu'il a souffert pour la cause commune. On ne peut le faire qu'en l'indemnisant. On lui accordera donc une indemnisation proportionnelle, non-seulement aux dommages qu'il a essuyés, mais au mal-être qu'il a enduré, à l'inquiétude qu'il a éprouvée, au chagrin qu'il a ressenti.

Quant au coupable, si la preuve de son crime est incomplette, & qu'il ne paroisse rien de grave contre lui, il sera absou & remis en liberté.

Accusé d'un crime capital, s'il paroît contre lui de fortes présomptions, on continuera à s'assurer de sa personne, jusqu'à ce qu'on puisse éclaircir le fait. Il sera donc renfermé dans une maison de force, & contraint de travailler pour vivre : mais on n'exercera contre lui aucun mauvais traitement.

Lorsque l'accusé est convaincu, c'est au président, organe de la loi, à prononcer la peine qu'elle statue contre le crime imputé, & à passer sentence sur le coupable.

Reste à rendre son supplice exemplaire. J'aillois ajouter.... Mais j'entends la voix de la nature gémissante, mon cœur se serre, & la plume me tombe des mains.

F I N.